Tag- und Traum-Geschichtenbuch

70 Geschichten zum Vor- und Selberlesen

Erzählt von Gina Ruck-Pauquèt
Gemalt von Edith Witt

Otto Maier Verlag Ravensburg

Jotte und Pumpernickel

Das ist so eine Sache mit dem Pumpernickel. In vielem ist er ganz anderer Ansicht als Jotte. Zum Beispiel will er morgens nicht aufstehen.
„Es ist Zeit", sagt die Mutter zu Jotte.
Sie weiß ja nicht, daß Pumpernickel auch da ist.
„Ja", sagt Jotte.
„In Milliputanien stehen die Kinder überhaupt erst nach Mittag auf", sagt Pumpernickel.
„Wo ist Milliputanien?" fragt Jotte.
„Weißt du, wo Zwilliputanien ist?" fragt Pumpernickel dagegen.
„Ne", sagt Jotte.
„Siehste!" sagt Pumpernickel. „Die Kinder stehn erst nach Mittag auf, damit sie nicht übertreten werden von den Erwachsenen. Weil die ja morgens so eilig sind."
„Das heißt nicht übertreten", sagt Jotte.
„Das heißt ja auch überfahren", sagt Pumpernickel, „wenn es sich um ein Auto handelt."
Jotte schweigt. Er steht auf. Zuerst schaut er zum Fenster hinaus. Dann geht er ins Bad und putzt sich die Zähne. Aber weil der Pumpernickel dauernd Geschichten erzählt, geht beim Jotte nichts voran.
„Jotte!" ruft die Mutter.
Kaum hat der nämlich die Zahnbürste im Mund, fängt der Pumpernickel doch schon wieder an.
„In Milliputanien", fängt er an, „da kann man die Mütter an und abstellen. Wie die Radios."
„Das lügst du", sagt Jotte mit Zahnpastaschaum vorm Mund.
„Neins!" sagt Pumpernickel.
„Nein!" verbessert ihn Jotte. „Neins ist falsch."
„Man sagt ja auch eins und keins", sagt Pumpernickel.
„Jotte!" ruft die Mutter.
„Jaja!" singt Jotte als Antwort. „Laß mich jetzt", sagt er zu Pumpernickel. „Sonst werd ich nie fertig."
„Kommst du jetzt?" ruft die Mutter.

Jotte versucht, Pumpernickel aus dem Bad zu schieben.
„Neins!“ schreit Pumpernickel ganz laut.
Da steht Jottes Mutter in der Tür.
„Hast du nein gesagt?“ fragt sie.
„Nein“, sagt Jotte. „Das heißt – ja“, sagt er.
„Manchmal denk ich, daß ich mehrere Kinder hab“, sagt die Mutter.
Aber den Pumpernickel bemerkt sie nicht. Weil der nämlich für Erwachsene überhaupt nicht sichtbar ist.

Der Zoo

Jotte soll sich die Haare schneiden lassen. Er setzt sich aufs Fahrrad und fährt los. Pumpernickel hockt hinten auf dem Gepäckträger.
„Links“, sagt Pumpernickel, „jetzt rechts, wieder rechts und geradeaus.“
Da stehen sie vorm Zoo. Jotte nimmt das Haarschneidegeld und kauft sich davon eine Eintrittskarte. Es wird ein wunderschöner Tag. Und seine Haare hat Jotte auch noch.
„Warum warst du nicht beim Friseur?“ fragt die Mutter.
„Ja“, sagt Jotte, „wir sind gefahren und gefahren, und dann waren wir beim Zoo.“
„Wer – wir?“ fragt die Mutter.
„Das Fahrrad und ich“, sagt Jotte. „Dann ist ein Affe herausgekommen und hat mich bei der Hand genommen. Und drinnen hab ich auf dem Elefanten reiten dürfen. Der hat mich überhaupt nicht mehr runtergelassen.“
„Du bist ein Schwindler“, sagt die Mutter.
Sie schickt Jotte ins Bett.
„Pumpernickel?“ fragt Jotte.
Pumpernickel sitzt am Fußende.
„Ja?“ sagt er.
„Es ist aber doch wahr“, sagt Jotte. „Erinnerst du dich?“

„Und ob!“ sagt Pumpernickel. „Du bist auf dem Rüsselfanten geritten und ich auf dem Löwen.“
„Ein paar von den Affen haben Gitarre gespielt“, sagt Jotte. „Weißt du noch?“
„Und die Gemurmeltiere haben dazu getanzt“, sagt Pumpernickel.
„Dann sind wir mit dem Nilpferd geschwommen“, sagt Jotte.
„Ja“, sagt Pumpernickel, „im Limonadenteich.“
„Das Känguruh hat Vanilleeis aus seinem Beutel verteilt.“
„Und der Bär hat seine Felljacke ausgezogen...“
„...und mit uns Federball gespielt“, sagt Jotte. „Pumpernickel?“ sagt er.
„Ja?“ sagt Pumpernickel.
„Es ist gut, einen Freund zu haben“, sagt Jotte.
„Ja“, sagt Pumpernickel.
Jotte lächelt ihm zu. Dann schließen sich seine Augen wie von selber, und er schläft ein.

In der Schule

In der Schule ist Pumpernickel auch dabei.
„Mußt aber still sein“, sagt Jotte leise.
Sie haben Deutschstunde.
„Ich find's aber doof“, sagt Pumpernickel. „Warum gehst du überhaupt in die Schule?“
„Weil ich muß“, sagt Jotte.
„Wir könnten zur See fahren“, sagt Pumpernickel. „Auf einem schwarzen Schiff mit schwarzen Segeln. Du als Kapitän, und ich als Klabauternickel.“
„Wer reitet so spät durch Nacht und Wind?“ sagt der Lehrer. „Jotte!“ sagt er.
„Nein“, sagt Jotte. „Nein, ich war es nicht.“
Alle Kinder lachen.

„Pumpernickel", sagt Jotte. „Ich muß aufpassen."
„Ja", sagt Pumpernickel. „Weil ein gewaltiger Sturm aufsteigt. Es ist ganz schwarz am Horizont. Und dauernd kommen Wellen. Richtige Dauerwellen", sagt Pumpernickel. „Halt die Segel fest! Jotte!"
„Jotte" sagt der Lehrer, „warum kriechst du unter dein Pult?"
Jotte schweigt. Wie soll er ihm das erklären? Er wollte sich doch nur unter Deck verstecken, weil ihm sonst eine Segelstange auf den Kopf gefallen wäre.
„Also", sagt der Lehrer zu Jotte, „das Kind sagt: Siehst du Vater den Erlkönig nicht? Den Erlenkönig mit Kron und Schweif? – Und was antwortet der Vater da?"
„Pumpernickel", sagt Jotte leise. „Hilf mir doch!"
Aber Pumpernickel hat sich in eine Kajüte eingeschlossen.
„Mein Sohn, es ist ein Nebelstreif", sagt der Lehrer.
Er schaut Jotte unfreundlich an.
„Tuuu", Pumpernickel läßt das Nebelhorn tuten.
„Hör auf!" sagt Jotte.
„Und wenn wir über ein Riff stolpern?" fragt Pumpernickel.
„Schiffe stolpern nicht", sagt Jotte. „Schiffe laufen auf."
„Und wenn sie zu heiß gewaschen werden, laufen sie ein", sagt Pumpernickel. „Hihi!"
„Du bringst mich nur in Schwierigkeiten", sagt Jotte.
„Warum gehst du auch in die Schule?" fragt Pumpernickel.
Da kriegt Jotte eine Wut.
„Ich muß!" sagt er ganz laut.
„Darum bist du so zerstreut", sagt der Lehrer.
Und er schickt Jotte aufs Klo.

Der Zauberspruch

„Steigen wir ein bißchen aus dem Fenster?“ fragt Pumpernickel.

Er sitzt auf der Lampe.

Jotte liegt im Bett. Es ist schon spät.

„Darf ich nicht“, sagt Jotte.

„Weil die Gewachsenen es nicht wollen“, sagt Pumpernickel.

„Die Erwachsenen“, sagt Jotte.

„Sie wollen es nicht, weil sie im Dunkeln nicht gut sehen“, sagt Pumpernickel. „Da können sie nämlich ihre Kinder nicht wieder einfangen.“

„Möglich“, sagt Jotte.

„Du bist ein Gehorch-Trottel!“ sagt Pumpernickel.

Da steigt Jotte mit Pumpernickel aus dem Fenster.

Es ist sehr dunkel. Und still ist es auch.

„Wenn uns nun einer was tut?“ sagt Jotte.

„Ist doch keiner da“, sagt Pumpernickel.

„Wenn aber einer kommt“, sagt Jotte.

„Es gibt einen Zauberspruch“, sagt Pumpernickel.

„Und?“ sagt Jotte.

„Den spricht man, wenn einer kommt“, sagt Pumpernickel.

„Und dann?“ sagt Jotte.

„Dann erlöst sich der in Luft!“ sagt Pumpernickel.

„Du meinst, der löst sich in Luft auf?“

„Hm“, sagt Pumpernickel. „Bloß Hunde nicht“, sagt er.

Pumpernickel hat Angst vor Hunden.

„Die Hunde schlafen“, sagt Jotte.

Die Menschen schlafen offenbar auch.

„Riechst du's?“ fragt Pumpernickel.

Jotte schnuppert. „Was?“ fragt er.

„Das Nichts“, sagt Pumpernickel. „Weil doch keine Autos fahren.“

„Ja“, sagt Jotte. „Es stinkt nicht nach Benzin.“

Von irgendwoher klingt leise Musik. Aber dann hören sie noch etwas – Schritte. Jemand kommt.

„Mach!“ sagt Jotte. „Sag den Zaubespruch!“

„Simsala – Pip!“ sagt Pumpernickel. „Simsala – Pop... Jotte“, sagt er dann, „ich kenne doch den Spruch gar nicht.“
Und da steht auch schon ein Mann vor ihnen. Es ist der Nachbar Sieseburg.
„Nanu“, sagt der Herr Sieseburg, „ist das nicht der Jotte, so spät in der Nacht?“
„Neins“, sagt Pumpernickel da. „Ich bin es, der Nickel.“
Der Herr Sieseburg reibt sich die Augen und geht weiter.
„Gut, daß ich ihn nicht verzaubert hab“, sagt Pumpernickel. „Wo er doch unser Nachbar ist!“

Der Hund

„Jotte", sagt die Mutter, „räum doch bitte mal die Teller weg! Jotte", sagt sie, „trag den Abfall runter! Jotte, bring den Brief zum Kasten! Gieß die Blumen!"
Jotte räumt die Teller weg, er trägt den Abfall runter, bringt den Brief zum Kasten und gießt die Blumen.
„Ist alles selbstverständlich", sagt er zu Pumpernickel. „Ich werde ausgebeutet", sagt er.
„Ja", sagt Pumpernickel.
Sie sitzen in Jottes Zimmer nebeneinander auf dem Bett.
„Keiner sagt mal was Nettes zu mir", sagt Jotte.
„Doch", sagt Pumpernickel, „ich! Guter Jotte", sagt er. „Lieber Jotte. Armes, mißgebrauchtes Kind."
Das tut gut. Jotte lehnt sich an Pumpernickel. Wenn er eine Katze wäre, würde er schnurren.
„Jotte-Schätzchen", sagt Pumpernickel. „Mein Liebling, mein Herzchen, mein Täubchen, mein Engelchen."
Die Eltern stehen vor Jottes Tür und hören zu.
„Das Kind wird immer seltsamer", sagt die Mutter.
„Er ist zuviel allein", sagt der Vater. „Es muß etwas geschehen!"
Am anderen Tag schenken sie Jotte einen Hund. Es ist ein großer Hund mit langen Ohren, der Jotte gut gefällt.
„Freust du dich?" fragen die Eltern.
„Jaha", sagt Jotte und guckt in den Schrank.
Pumpernickel ist nämlich verschwunden. Im Schrank ist er auch nicht. Kein Wunder, Pumpernickel hat sich immer schon vor Hunden gefürchtet.
Jotte findet ihn nicht mehr wieder.
Aber je länger er den Hund anschaut, desto mehr sieht er die Ähnlichkeit im Blick. Ist es denn ausgeschlossen, daß Pumpernickel in dem Hund steckt? Nein, bei so einem wie Pumpernickel, da ist wahrhaftig ganz und gar nichts ausgeschlossen!

Rund um die Uhr

„Ich will hierbleiben", sagt Wanja. „Ich will bei dir bleiben."
Slatko schaut sie an. Er wedelt mit dem Schwanz.
Der Vater hat den Kopf unter die Motorhaube des Autos gesteckt. Die Mutter und die Babuschka sitzen auf der Bank vor der strohgedeckten Kate. Rechts von Wanja dehnt sich das hochgewachsene Sonnenblumenfeld bis zum Horizont.
„Komm", sagt Wanja leise.
Sie geht zwischen den Ziegen und Hühnern hindurch, die frei auf der Straße herumlaufen und verschwindet im Sonnenblumenwald. Slatko folgt ihr. Nicht einmal die Großmutter, die Babuschka, hat bemerkt, daß Wanja und der Hund verschwunden sind.
„Sie wollen, daß ich mit zurückfahre", sagt Wanja.

Sie hockt sich hin und legt den Arm um Slatko.
„Aber ich will hierbleiben. Hier in der Ukraine, in Konotop, bei dir. Moskau ist eine große Stadt, weißt du? In unserem Wohnblock leben viele Leute. Mein Bett steht in der Küche, und wenn ich aufwache, kann ich nicht die Glocken der Pferdewagen hören wie hier.
Morgens muß ich mit der Untergrundbahn in die Schule fahren. Der Bahnhof ist aus Marmor. Schön ist der Bahnhof. Und an der Ecke am Limonadenstand kann man für zehn Kopeken Sirup mit Wasser kaufen.
Aber ich will in Konotop bleiben, bei der Babuschka", sagt Wanja, „bei Bjala, der weißen Kuh und bei dir."
Slatko fährt ihr mit der Zunge über die Hand.
In der Nähe gehen ein paar Mädchen vorbei. Sicher kommen sie von der Kolchose, der Gemeinschaftsfarm.
Wanja hört sie singen:
„Es blühten die Äpfel und Birnenbäume.
Am Ufer eines Flusses.
Da ging sie allein spazieren am Ufer des Flusses,
Die Katuschka, die Katuschka."
Aber dann hört Wanja, daß ihr Name gerufen wird.
„Wanja!" Es ist die Stimme des Vaters. „Wanja!"
Langsam und traurig verläßt sie den Sonnenblumenwald. Sie wird nach Moskau fahren. Und Slatko bleibt hier.

Theresa rutscht auf ihrer Bank ein wenig nach links. So kann sie die Kirchturmuhr sehen. Gleich ist es zwölf, dann ist die Schule zu Ende. Ob Graziella mit ihr zusammen geht? Ob sie wirklich mit ihr gehen wird, die hübsche Graziella, die neu in der Klasse ist?
Graziella sitzt vor ihr. Theresa sieht ihre Schultern und die üppigen schwarzen Locken, die auf das Schulkittelchen herunterfallen.
Theresa hat nie eine Freundin gehabt. Immer ist sie allein gewesen. Dabei ist Rom eine so große Stadt, mit so vielen Menschen. Aber eine Freundin für Theresa war nie dabei. Immer ist sie von der Schule allein nach Hause gegangen.
Gewiß, sie hat die Mamma und die Geschwister. Sie hat Beppo, das Baby, die Großmutter und die Tanten. Sie leben alle zusammen, und abends kommen die Männer von der Arbeit, und sie sind eine große, laute Familie.
Da sitzen sie oft noch draußen in der Gasse. Die Abende sind warm. Die Katzen und die Hunde streunen herum, und aus allen Wohnungen klingt Radiomusik. Immer sind sie viele, und trotzdem fühlt Theresa sich allein.
Auch in Noli hat sie sich allein gefühlt, am Meer, wo sie zur Erholung in einem Kinderheim gewesen ist. Aber da ist es nicht so schlimm gewesen, weil sie sich am Strand einen Sandgarten gebaut hatte. Ein paar Oleanderblätter waren ihre Palmen. Theresa hatte sich oft nach Noli zurückgesehnt.
Aber jetzt war Graziella in die Klasse gekommen. Vom ersten Tag an hatten sich die anderen um sie geschart. Aber Graziella hatte Theresa angesehen. Und heute hatte sie mit ihr gesprochen.
Jetzt ist die Schulstunde zu Ende. Die Klingel ertönt. Theresa rennt die Treppe hinunter und ist als erste auf der Straße. Die anderen laufen an ihr vorbei. Niemand beachtet sie.
Und wenn Graziella auch vorübergeht? Theresa macht Fäuste aus ihren Händen, die Daumen nach innen.
„Gehn wir zusammen?“ fragt da Graziella neben ihr.
Theresa nickt und ist vor Freude stumm. Sie wird eine Freundin haben.

Raiko duckt sich. Sein Vater hat ausgeholt, um ihm eine Ohrfeige zu geben.
„Er ist es nicht gewesen!" hatte Raiko geschrieen.
Warum versucht er, den fremden Jungen zu schützen? Er hat aus dem Obstkorb des Vaters eine Frucht genommen und sie in seine ausgebeulte Jackentasche gesteckt.
Der Vater hält den Dieb mit der Linken, während seine rechte Hand über Raiko schwebt, um ihm eine Ohrfeige zu geben.
Die anderen Leute kümmern sich nicht darum. Es ist Bazar in Sarajewo, großer Markt, da gibt es viel zu sehen. Körbe in allen Formen und Größen werden zum Verkauf angeboten, Fellstiefel, glitzernder Schmuck für die Frauen, Eselsgeschirre und Töpfe.
Stände mit Brot gibt es, lebende Hühner, handgewebte Teppiche mit langen Fransen, weiße Waschkübel, Äxte, geschnitzte Kästen und Fische, die, auf Zweige aufgespießt, über dem Feuer brutzeln.
Raikos Vater verkauft Früchte. Orangen, Kirschen, Paprika, saftige Kürbisse und Schipak, unter deren harter Schale die schmackhaften Kerne sind.
Es ist eine Schipak, die der fremde Junge sich genommen hat, eine von den vielen Schipak, die dem Vater gehören. Der Vater hat gesehen, wie er sie genommen hat, und Raiko auch.
Vielleicht hat er Hunger, dieser kleine, magere Bursche in den zerfetzten Kleidern. Sicher hat er kein Geld wie die anderen Leute hier auf dem Bazar.
Die Frauen in feinen Röcken oder in Pluderhosen. Manchmal tragen sie ein weißes Bündel über der Schulter, aus dem ihr Kindchen hervorsieht.
Die schönen, stolzen Männer mit dem roten Fes und dem schwarzen Bärtchen auf der Oberlippe, und die gebeugten Alten im Schaffell, die Hirten sein mögen oder Bauern.
Sie alle haben ein paar Dinar in der Tasche, um sich etwas kaufen zu können. Aber der Junge, der die Schipak genommen hat, ist arm. Raiko will nicht, daß der Vater ihn der Miliz übergibt, der Polizei.
„Er ist es nicht gewesen!" schreit er noch einmal.

Da saust die Hand seines Vaters herunter, und Raiko hat seine Ohrfeige. Der Junge aber reißt sich los und rennt fort. Zwischen den Leuten rennt er hindurch, über den Platz, wo die Esel stehen und die Holzkarren, und ist verschwunden.

Tunesien

Hilal schaufelt den Sand weg. Jeden Tag schaufelt Hilal den Sand weg. Der Wind bringt ihn immer wieder. Der Sand möchte das Haus begraben. Aber Hilal schaufelt ihn weg.
Dann setzt er sich in den Schatten des Olivenbaumes. Rings um ihn läßt die Sonne den Sand erglühen. Die runde Steinhütte von Hilals Eltern steht weiß gegen das Blau des Himmels. Weiß sind die Hotels.
Jetzt ist die Zeit für die Fremden. Hilal versteht die Fremden nicht. Er hebt die Hand über die Augen und schaut zum Hotel hinüber.
Kahena kommt. Kahena, die seine Freundin ist. Sie lebt mit ihrem Vater am Rande des Ortes. Am Rande von Hount-Souk leben sie. Vielleicht hat ihr Vater ein Kamel zu Harun gebracht. Harun vermietet Kamele an die Fremden.
„Verstehst du die Fremden?"
Kahena versteht sie auch nicht.
Sie reiten auf dem Kamel und müssen sich biegen vor Lachen. Sie wollen in die Moschee und haben doch nackte Arme.
„Ich sitze wie jetzt, und einer fragt mich: Was tust du?" sagt Hilal.
Kahena lacht.
„Harun bekommt Bakschisch von ihnen", sagt sie. „Trinkgeld. Viel Trinkgeld."
„Ich will ihr Bakschisch nicht", sagt Hilal. „Ich werde ein Fischer sein wie mein Vater."
„Und ich will bei dir sein", sagt Kahena.
„Du wirst dein Gesicht verhüllen müssen", sagt Hilal, „wie meine Mutter es tut."
„Ja", sagt Kahena.

„Aber wenn du nach Tunis gehst, in die Hauptstadt, wirst du es nicht zu verhüllen brauchen.“
„Ich will bei dir sein“, sagt Kahena.
So oft haben sie die gleichen Sätze gesprochen. Bei den Hotels lachen und schreien die Fremden.
„Und kochst du mir Schakschuka?“ fragt Hilal.
„Schakschuka aus Zwiebeln, grünen Pfefferschoten, Tomaten, Kartoffeln und Eiern. Ja“, sagt Kahena, „jeden Tag.“
Dann schweigen sie. Einmal werden sie erwachsen sein. Es macht nichts, daß es noch lange dauert. Sie haben Zeit.

Griechenland

Nikolaki schaut dem Eismann nach. Der Eismann kommt jede Woche. Nikolaki hätte sich gern ein Eis gekauft. Aber er muß sein Geld zusammenhalten, jetzt, wo er fort will.

Nach Athen will Nikolaki, in die Stadt. Der Großvater hat ihm von Athen erzählt. Er ist dort gewesen, als er jung war.
Jetzt ist der Großvater tot. Sie haben den Sarg aus dem Haus getragen. Durch die Straßen haben sie ihn getragen. Die Priester waren dabei und die Klageweiber. Die Türen und Fenster der Häuser waren geschlossen. Man schaut nicht zu, wenn ein Toter vorbeigetragen wird.
So ist das hier in Kalamata, am südlichen Ende von Griechenland. Nikolaki will nicht hierbleiben in Kalamata. Er will kein Bauer werden wie sein Vater. Nikolaki will etwas von der Welt sehen.
Natürlich darf er zuhause nicht sagen, daß er fortgeht. Nur Janis wird er es sagen. Janis, der sein Freund ist oder auch nicht sein Freund, wie man es nimmt.
Vielleicht ist Janis eher wie die junge Katze vom vorigen Jahr. Die, die nicht wachsen wollte. Man mußte auf sie aufpassen, weil die anderen ihr alles wegfraßen. Aber der Vater hat sie dann totgemacht.
Mit Janis stimmt es nicht. Er kann nicht sprechen wie andere Kinder. Und laufen kann er auch nicht besonders gut.
Nikolaki geht an den Orangenbäumen vorbei. Sie tragen Früchte und Blüten zur gleichen Zeit. Zwischen den Hecken aus Feigenkakteen dösen die Schildkröten in der Sonne. Es ist heiß. Aber in den Nächten friert man, obschon das Becken mit dem glimmenden Kohlestaub im Zimmer steht.
Nikolaki geht hinunter zum Fluß, der Pamschischo heißt. Eine von den Ziegen kommt ihm entgegen, langhaarig, mit Augen wie Glasperlen. Nikolaki nimmt sie mit. Er kann sich denken, daß sie Janis weggelaufen ist.
Da sieht er ihn schon. Er sitzt auf einem Stein, das armselige, dreckige Gesicht naß von Tränen. Aber er wird keine Schläge kriegen, weil Nikolaki doch die Ziege gefunden hat.
Jetzt sieht Janis ihn, und er lächelt sein schiefes Lächeln. Und in diesem Augenblick weiß Nikolaki, daß er nicht weggehen kann. Wie soll er nach Athen gehen, solange Janis so hilflos ist?
Später vielleicht, denkt Nikolaki. Vielleicht später.

Ein Tag hat fünf Geschichten

Morgen

Bibi wurde ein bißchen wach. Sie zog sich die Decke über den Kopf. Ganz langsam ging der Schlaf aus ihr fort. Bibi erinnerte sich ans Meer. Wie das Meer seine Wellen zurücknahm. So ähnlich machte es jetzt der Schlaf. Er entglitt, er spielte sich von ihr weg.
Bibi bewegte ihre Zehen. Ihre Zehen waren noch müde. Alles an Bibi war müde, warm und schwer. Bibi versuchte, mit der Nasenspitze zu zucken wie ein Häschen. Aber es war zu anstrengend.
Morgenstund hat Gold im Mund, dachte Bibi.
Tief in ihrem Bauch lachte sie. Vielleicht lag Bibi im Mund der Morgenstund? Wenn sie blinzelte, schimmerte es hell durch die Bettdecke. Es sah wirklich fast golden aus.
Bibi zog die Beine an. In den Kniekehlen war noch Schlaf. Ihre Hände tippten sich gegenseitig wach, und alle Finger fanden sich wieder. Bibi kratzte sich auf dem Kopf. Dann griff sie nach ihren Zehen. Der dicke Zeh war ein Bällchen, prall und warm. Da kamen die anderen Zehen

nicht mit. Einer war sogar ein wenig krumm. Aber natürlich brauchte Bibi sie alle.
Sie faßte ihre Beine an. Ihre Beine waren weich.
Das ist, weil die Muskeln noch nicht aufgestanden sind, dachte Bibi.
Es waren ohne jeden Zweifel ihre Beine von gestern. Bibi kannte sie wieder, weil beide Knie aufgeschürft waren vom Hinfallen.
Zwischen den Beinen war Bibi ein Mädchen. Sie war natürlich auch sonst ein Mädchen. Aber zwischen den Beinen konnte man es genau feststellen, weil sie da einen Schlitz hatte.
Bibis Bauch war ein kleiner Hügel. Da waren die Bratkartoffeln von gestern abend drin und das Eis. Aber das Eis war jetzt nicht mehr kalt.
Bibi gähnte. Im Bett brauchte man nicht die Hand vor den Mund zu halten. Weil einem da nichts reinfliegen kann, dachte Bibi. Sie gähnte gleich nochmal.
Vorne fehlte ihr ein Zahn. Sie fühlte nach, ob schon ein neuer Zahn gewachsen war. Es war kein neuer Zahn gewachsen. Vielleicht wuchs er nach dem Frühstück.
Was war das überhaupt für ein Tag? Bibi wurde neugierig. In der Küche spielte das Radio. Wenn Bibi aufwachte, spielte immer das Radio in der Küche.

Das war gut, weil Bibi dann wußte, daß die Welt da war. Alles, was Bibi kannte, war da.
Bibi drehte sich auf die Seite. Sie hob die Bettdecke einen Zentimeter und schaute hinaus. Warum ist es so hell, dachte es in Bibis Kopf.
„Weil die Sonne scheint!" sagte Bibi zu sich selber.
Sie warf die Decke zurück und stand auf.

Vormittag

Vormittag. Bibi ging die Straße entlang. Was hatte sie heut nacht geträumt? Bibi wußte es nicht mehr. Zu dumm, daß sie immer ihre Träume vergaß!
Bibi schnupperte. Es war alles voller Abenteuer. Nicht, daß die Abenteuer geschahen, nein, das nicht. Sie waren in den Dingen verborgen und in den Menschen ringsum. So, als ob sie schliefen. Jederzeit konnte eins aufwachen. Und dann passierte es eben.
Es waren lauter gute Abenteuer. Heute würde wahrscheinlich sogar der Kaugummiautomat funktionieren. Aber ausprobieren wollte Bibi es lieber doch nicht.
Sie würde um die Ecke gehen, dahin, wo der Baum war. Rund um den Baum gab es Erde. Manchmal wuchs da Gras. Sie würde nachsehen. Danach wollte sie zu dem Trödler auf der anderen Seite. Da waren im Schaufenster alte Uhren, die kannte sie schon. Das ahnte keiner, was Bibi da machte. Sie sah die Uhren an. Lange. Und einmal war die dicke, silberne Uhr stehengeblieben. Der Zeiger war nicht weitergegangen. Wirklich nur vom Ansehen!
Sie ging um die Ecke und blieb stehen. Vor dem Baum war ein Hund. Der Hund tat nichts. Er stand nur da. Bibi kannte den Hund nicht. Er war schwarz und ziemlich groß. Sie sahen sich an. Der Hund schaute Bibi merkwürdig an, und Bibi schaute zurück.
Und dann geschah es: Der Hund riß sein Maul auf und schrie einen lauten Schrei. „Jau!" oder so. Er sah überaus glücklich aus. Er lachte. Mit

ein paar Sätzen, die aber wirkten wie eine einzige Bewegung, erreichte er Bibi und sprang an ihr hoch. Wieder und wieder sprang er an ihr hoch. Bibi fürchtete sich nie vor Hunden. Aber vor diesem hier fürchtete sie sich schon gar nicht. Er warf die Pfoten um ihren Hals und fuhr ihr mit der Zunge durchs Gesicht. Ziemlich feucht war das schon. ‚Schlapp' – von links nach rechts und von rechts nach links. Und zwischendurch schrie er Sachen, die Bibi nicht verstand, die sie aber begriff. Sie wußte doch, wie das war, wenn man jemand wiedertraf und sich freute. Jetzt tanzte der Hund um sie herum, immer rundherum. Zwischendurch versuchte er, seinen Schwanz zu fangen.

„Na, das ist aber eine Begrüßung!" sagte ein Mann, der vorüberging.
„Jaja", sagte Bibi.
Der Hund war müde geworden. Er legte sich hin und hechelte. Bibi streichelte seinen Kopf. Sie mußten sich aus einem Traum kennen, der Hund und sie. Das war sicher.
Zu dumm, daß Bibi immer ihre Träume vergaß.

Nachmittag

Bibi wohnt mit ihren Eltern unter dem Dach. Es ist ein großes Haus. Es war ein heißer Nachmittag, und darum standen alle Wohnungstüren offen. Nebenan saß der Opa Buschke allein am Tisch. Seine Tochter und sein Schwiegersohn waren zur Arbeit gegangen.
„Guten Tag", sagte Bibi.
„Guten Tag", sagte der Opa Buschke. „Wohin willst du denn?"
„Ins Schwimmbad", sagte Bibi. „Wie geht es Ihnen?"
„Gut", der Opa Buschke lachte. „Ich hab eine Erfindung gemacht. Weil ich mich doch nicht bücken kann mit meinem Kreuz, ziehe ich mir die Socken jetzt mit der Zange an. Das geht prima."
Bibi lachte. Und der Opa Buschke lachte auch. Immer fiel ihm was Neues ein.
Bibi lief die Treppe hinunter.

„Guten Tag", sagte sie zu Frau Manger.
„Wohin willst du?" fragte die Frau Manger.
„Ins Schwimmbad", sagte Bibi. „Kommt der Peter mit?"
„Der Peter hat Grippe", sagte die Frau Manger. „Er liegt im Bett und ist blaß, und das Zimmer ist abgedunkelt. Jetzt koche ich Tee."
„Och!" sagte Bibi. „Gute Besserung!"
„Guten Tag", sagte sie zu Frau Klemm, die gegenüber wohnte.
„Wohin willst du?" fragte Frau Klemm.
„Ins Schwimmbad", sagte Bibi. „Was macht der Wellensittich?"
„Fast ist er zum Fenster hinausgeflogen", sagte die Frau Klemm. „Dann wäre ich ganz allein. Es ist ein elendes Leben", sagte sie.
„Aber er ist doch nicht fortgeflogen", sagte Bibi.
Sie lief die Treppe hinunter. Bei Hubers lag alles durcheinander.
„Guten Tag", sagte Bibi, „ich gehe ins Schwimmbad."
„Wir fahren in Urlaub", sagte die Frau Huber. „Wo ist nur mein Strohhut?"
„Wo sind meine Sandalen?" rief der Herr Huber. „Und die Kamera finde ich auch nicht!"
„Viel Spaß", sagte Bibi.
Dann schaute sie hinüber zu der Frau mit dem Baby.
„Guten Tag", sagte Bibi, „ich gehe ins Schwimmbad."
„Das Baby hat zum erstenmal Mama gesagt!" Die junge Frau freute sich.
„Fein", sagte Bibi. „Ob es auch einmal Bibi sagen wird?"
„Bestimmt", sagte die Frau.
Im Parterre ist der Wolladen.
„Guten Tag", sagte Bibi, „ich gehe ins Schwimmbad."
„Es sind zehn Paar Wollhandschuhe vom Winter übriggeblieben", sagte die Frau Mendelbaum, „dreißig Schipullover und fünfzehn warme Jakken!"
„Ojeh!" sagte Bibi.
Sie lief hinaus und dachte noch eine Weile über die Leute nach.

Wenn die Sonne untergegangen ist, kann man die Farben besser sehen. Bibi schaute sich die Gladiolen an, die vor dem Blumengeschäft ausgestellt waren.
Der frühe Abend schloß den Tag behutsam in sich ein. Bibi wußte noch die Gerüche des Tages und seine Klänge. Neben dem Blumengeschäft war der Zigarettenautomat. Bibi warf das Geld ein und zog die Zigaretten für ihren Vater.
Als sie schon fast zuhause war, kam ihr der Mann entgegen. Der Mann war groß und dünn und unrasiert. Die Ärmel seiner Jacke waren ihm zu lang, und die Hose zu kurz.
Irgendetwas stimmte nicht mit diesem Mann. Er konnte nicht richtig gehen. Er schwankte und stolperte. Einmal hielt er sich an einer Laterne fest.
Die Leute, die vorübergingen, schüttelten die Köpfe oder lachten. Bibi fand es nicht komisch, wenn einem Menschen die Beine wegrutschten. Vorsichtig ging sie hinter dem Mann her.
Jemand müßte ihm helfen, dachte sie.

Der Mann machte noch ein paar Schritte. Dann setzte er sich auf die Bordsteinkante. Bibi setzte sich in einiger Entfernung neben ihn und blickte ihn unter gesenkten Wimpern her an.
Zuerst fuhr der Mann mit seinen Händen in der Luft herum. Dann wurde er still. Bibi rückte ein bißchen näher.
„Da", sagte sie und reichte dem Mann die Zigaretten.
Ihr Vater würde es schon verstehen. Der Mann nahm die Zigaretten und fuhr sich mit dem Handrücken durchs Gesicht. Seine Fingernägel waren lang und schmutzig.
Bibi und der Mann blickten sich an. Der Mann war krank.
Bibi versuchte ein Lächeln.
Ein Polizeiwagen hielt neben ihnen. Zwei Polizisten stiegen aus.
„Er hat nichts getan", sagte Bibi.
„Er ist betrunken", sagte der eine Polizist.
Sie griffen dem Mann unter die Arme und schoben ihn in ihr Auto. Ein paar Leute sahen zu.
„Er ist krank", sagte Bibi. „Er muß ins Bett."
„Der hat kein Bett", sagte der zweite Polizist.
Dann schloß er die Wagentür, und sie fuhren ab.
„Das gibt es doch nicht", sagte Bibi. „Daß einer kein Bett hat.

Nacht

Als Bibi aufwachte, war Nacht. Sie lag verkehrt herum im Bett. Sonst war alles in Ordnung. Bibi rieb sich die Augen. Es war dämmrig im Zimmer.
Bibi stand auf und ging ans Fenster. Eigentlich hatte sie gedacht, daß nachts Fledermäuse unterwegs waren. Aber sie sah nicht eine. Die Luft war leer, und die Straße war auch leer.
Gegenüber leuchtete eine Reklameschrift auf, wurde dunkel und wieder hell. ‚Stadtbote' stand da in rot. Bibi merkte, daß sie kalte Füße kriegte.

‚Stadtbote.‘ Auf einmal war das O weg!
‚Stadtb te.‘ Bibi öffnete das Fenster und beugte sich hinaus. Vielleicht war das o runtergefallen. Dann konnte jemand darüber stolpern. Sie sah es aber nicht.

Bibi beschloß, alles ihren Eltern zu erzählen. Daß sie verkehrt herum im Bett gelegen hatte. Daß keine Fledermäuse da waren. Daß sie kalte Füße hatte. Und daß das O verschwunden war.
Leise öffnete sie die Tür zum Nebenzimmer. Da lagen ihre Eltern nebeneinander und atmeten. Sie schliefen. Bibi setzte sich auf den Bettrand und schaute sie an.
In der Nacht sah ihr Vater überhaupt nicht wie ein Vater aus. Seine Lippen standen ein bißchen offen, und er war ein Junge, der gleich lachen will. Oder weinen, dachte Bibi.
Auch Bibis Mutter war verändert. Sie lag auf der Seite. Eine Beule im Kopfkissen drückte ihre Nasenspitze hoch. Das machte, daß sie dumm aussah. Dumm und lieb.
Sie können sich nicht wehren, dachte Bibi. Ich starre sie an, und sie können sich nicht wehren. Es ist gemein von mir, dachte sie. Sie haben ihr Mutter und ihr Vatergesicht abgelegt, weil sie glauben, daß sie in der Nacht Ruhe vor mir haben. Es ist nicht recht, Leuten beim Schlafen zuzusehen.
Aber dann war es doch auch schön, weil nämlich Bibi diese hilflosen Eltern plötzlich ganz besonders lieb hatte. Zärtlichkeit nannte man das, wenn man sich innen fühlte wie umgerührt.
Ich werde sie nicht wecken, dachte Bibi. Wenn sie wach werden, sind sie wieder gewöhnliche Eltern.
„Was fällt dir ein!“ werden sie sagen. „Zieh dir wenigstens Pantoffeln an!“
Schlaf-Eltern aber sind wunderbar und still.

Große Leute, kleine Leute

Was gut ist

„Weißt du, was gut ist?“ fragte Sanne.
„Was?“ fragte Stefan.
„Ein Bonbon so dünn zu lutschen, daß man es ganz leicht zerbeißen kann“, sagte Sanne.
„Gut ist, ’ne Pellkartoffel im Mund zu zerquetschen“, sagte Stefan.
„Hm.“ sagte die Mutter. „In der Sonne zu liegen, ist auch gut. Keine Gedanken zu haben, und seine Arme und Beine nicht zu fühlen.“
„Gut ist, mit einem Grashalm auf dem Rücken gekitzelt zu werden“, sagte Sanne.
„Gut ist, ein Taschentuch zu finden, wenn einem die Nase läuft“, sagte der Vater.
„Gut ist, sich selber zu riechen“, sagte Sanne. „Die eigene Haut.“
„Auf dem Clo ist es auch gut“, sagte Stefan, „wenn man macht.“
„Wenn man weiß, daß der Film im Fernsehen lang dauert“, sagte Sanne, „das ist gut.“
„Gut ist, wenn man zu früh aufwacht“, sagte die Mutter. „Weil man dann noch liegenbleiben darf.“
„Gut ist, in einem Buch die Gedanken wiederzufinden, die man immer schon gedacht hat“, sagte der Vater.
„Wenn man einen trifft, den man mag“, sagte Stefan.
„Traurige Musik zu hören, wenn es einem gut geht“, sagte die Mutter.
„Eine Katze zu streicheln ist gut“, sagte Sanne.
„Ein kleines bißchen zu frieren“, sagte Stefan, „wenn die Sonne schon wieder hinter den Wolken rauskommt.“
„Vieles ist gut“, sagte der Vater.
„Das alles und noch mehr“, sagte die Mutter.
„Prima, was?“ fragte Stefan.
Und Sanne nickte.

Sonntagnachmittag

„Ich geh noch'n bißchen auf die Straße", sagte Polk.
„Es ist Sonntagnachmittag", sagte die Mutter, „wir hätten dich gerne bei uns."
„Ja", sagte der Vater über die Zeitung hinweg.
„Was liest du?" fragte Polk.
„Ach ...", sagte der Vater.
„Was?" fragte Polk.
„Da haben zwei Streit gehabt", sagte der Vater. „In einem Gasthaus. Der eine war als Schläger bekannt. Ein Dritter hat eingegriffen, um den anderen zu schützen, weil der unterlegen war."
„Und?" fragte die Mutter.
„Der als Schläger bekannt war, hat ein Messer gezogen und hat ihn niedergestochen."
„Den dritten?" fragte Polk.
„Ja", sagte der Vater.
„Ich sag ja immer, daß man sich raushalten soll", sagte die Mutter zu Polk. „Merk dir das!"
„Ja", sagte Polk. „Raushalten ist Neutralität", sagte Polk. „Nicht wahr? Und wenn man neutral ist, passiert einem nichts."
„Ja", sagte der Vater.
„ Aber der Mann hat doch einem helfen wollen, der schwächer war", sagte Polk. „Nicht wahr? Und das soll man doch."
„Du siehst ja, wie sowas enden kann", sagte die Mutter.
„Ja", sagte Polk. „Manchmal wird einer angegriffen", sagte er. „Ein Schwacher. Und alle schauen zu, und keiner hilft, und dann ist er tot. Das ist doch auch nicht richtig, oder?"
„Sag was!" sagte die Mutter zum Vater.
„Natürlich nicht", sagte der Vater.
„Aber was soll man denn tun?" fragte Polk.
„Es ist Sonntagnachmittag", sagte die Mutter. „Und wir sprechen über Mord und Totschlag!"
„Ja." sagte der Vater. „Warum gehst du nicht ein bißchen auf die Straße?" sagte er zu Polk.

„Schau mal!“ rief Gigga. „Schnell, schnell!“
„Was ist denn?“ fragte die Mutter.
Sie trat neben Gigga ans Fenster.
„Da! Die Doofe! Siehst du sie?“
„Die Frau?“ fragte die Mutter. „Wieso ist die denn doof? Kennst du sie?“ fragte die Mutter.
„Ach was!“ sagte Gigga. „Aber wie die aussieht! Der blaue Schlapphut! Und die Schuhe!“
„Deswegen muß sie doch nicht doof sein“, sagte die Mutter. „Jeder kann sich anziehen, wie er mag. Der Hut gefällt ihr halt.“
„Aber die spinnt doch!“ sagte Gigga. „Siehst du nicht, daß sie ’ne Katze an der Leine führt?“
„Na und?“ sagte die Mutter, „Ist doch nett. Vielleicht hat sie Katzen lieber als Hunde.“
„Alle Leute sagen, daß sie spinnt“, sagte Gigga. „Die mit ihrem Plüschpanther! Da macht sie weiß Gott was her damit! Auf der Welt gibt es so viele arme Kinder.“
„Wer sagt das?“ fragte die Mutter.
„Die Leute“, sagte Gigga. „Stimmts nicht?“
„Doch“, sagte die Mutter. „Das stimmt schon. Ich weiß nur nicht recht, was das mit den Katzen zu tun hat.“
„Weil man sich zuerst um die Kinder kümmern soll“, sagte Gigga. „Das ist wichtiger.“
Die Mutter lächelte.
„Weißt du“, sagte sie, „man kann sich durchaus um die Menschen und um die Tiere kümmern. Meinst du nicht?“
Gigga schwieg.
„Vielleicht stellst du dir vor, daß die Liebe so eine Sache ist – wie Geld etwa“, sagte die Mutter. „Wenn man davon abgibt, wird es immer weniger. Da würde man also jemanden lieben, und dann blieb für die anderen nichts.“
„Und wie ist es wirklich?“ fragte Gigga.

„Die Liebe wird mehr, je mehr man davon fortgibt", sagte die Mutter. „Sie reicht für alle. Für die Kinder, die Großmütter, die Väter, die Opas und die Mütter. Und für die Katzen auch."

Und vorher?

„Erzähl mir was von der Oma", sagte Babsi.
„Die Oma ist tot", sagte der Vater. „Das weißt du doch."
„Aber vorher", sagte Babsi.
„Vorher war sie eine alte Frau. Sie hat auf einem Stuhl in der Sonne gesessen. Und wenn es regnete, saß sie am Fenster."
„Und vorher?" fragte Babsi.
„Vorher hat der Opa noch gelebt. Da hat die Oma jeden Tag eingekauft. Sie haben ferngesehen, und die Oma hat für den Opa seine Brille gesucht."
„Und vorher?" fragte Babsi.
„Vorher ist die Oma mit dem Opa öfter verreist. Und eines Tages hat ihr Sohn gesagt, daß er jetzt nicht mehr so früh nach Hause kommen will."
„Und vorher?" fragte Babsi.
„Vorher hat die Oma mich in die Schule gebracht. Ich bin ja ihr Sohn. Auf dem Rückweg hat sie sich ein Eis gekauft und hat es auf der Straße gegessen. Manchmal ist sie mit dem Opa ins Theater gegangen. Und hin und wieder haben sie gestritten."
„Und vorher?" fragte Babsi.
„Vorher ist die Oma eine Mutter geworden, und sie war froh darüber. Aber in dem Jahr hat sie zum erstenmal nicht zum Karneval gehen können, weil sie auf ihr Kind aufpassen mußte."
„Und vorher?" fragte Babsi.
„Vorher hat die Oma den Opa geheiratet. Da haben sie sich oft lange in die Augen gesehen. In den Nächten haben sie eng beieinander gelegen."

„Und vorher?" fragte Babsi.
„Vorher ist die Oma ein junges Mädchen gewesen, mit einer ganz glatten Haut. Sie ist gerne mit dem Fahrrad gefahren. Einmal war sie in Wien."
„Und vorher?" fragte Babsi.
„Vorher war die Oma ein Kind. Sie hat einen Hund gehabt, der Jippi hieß. Mit fünf ist sie in den Fluß gefallen und beinah ertrunken. Am liebsten hat sie Perlen auf lange Fäden aufgezogen."
„Und vorher?" fragte Babsi.
„Vorher ist die Oma geboren worden", sagte der Vater. „Sie ist aus dem Bauch ihrer Mutter auf die Welt gekommen und war ein winzigkleines Kind. Ja, und damit fing alles an."

Freunde

„Wohin willst du?" fragte der Vater.
Benjamin hielt die Türklinke fest.
„Raus", sagte er.
„Wohin raus?" fragte der Vater.
„Na so", sagte Benjamin.

„Und mit wem?" fragte der Vater.
„Och…", sagte Benjamin.
„Um es klar auszusprechen", sagte der Vater, „ich will nicht, daß du mit diesem Josef rumziehst!"
„Warum?" fragte Benjamin.
„Weil er nicht gut für dich ist", sagte der Vater.
Benjamin sah den Vater an.
„Du weißt doch selber, daß dieser Josef ein… na, sagen wir, ein geistig zurückgebliebenes Kind ist", sagte der Vater.
„Der Josef ist aber in Ordnung", sagte Benjamin.
„Möglich", sagte der Vater. „Aber was kannst du schon von ihm lernen?"
„Ich will doch nichts von ihm lernen", sagte Benjamin.
„Man sollte von jedem, mit dem man umgeht, etwas lernen können", sagte der Vater.
Benjamin ließ die Türklinke los.
„Ich lerne von ihm, Schiffchen aus Papier zu falten", sagte er.
„Das konntest du mit vier Jahren schon", sagte der Vater.
„Ich hatte es aber wieder vergessen", sagte Benjamin.
„Und sonst?" fragte der Vater. „Was macht ihr sonst?"
„Wir laufen rum", sagte Benjamin. „Sehen uns alles an und so."
„Kannst du das nicht auch mit einem anderen Kind zusammen tun?"
„Doch", sagte Benjamin. „Aber der Josef sieht mehr", sagte er dann.
„Was?" fragte der Vater. „Was sieht der Josef?"
„So Zeugs", sagte Benjamin. „Blätter und so. Steine. Ganz tolle. Und er weiß, wo Katzen sind. Und die kommen, wenn er ruft."
„Hm", sagte der Vater. „Paß mal auf", sagte er. „Es ist im Leben wichtig, daß man sich immer nach oben orientiert."
„Was heißt das", fragte Benjamin, „sich nach oben orientieren?"
„Das heißt, daß man sich Freunde suchen soll, zu denen man aufblicken kann. Freunde, von denen man etwas lernen kann. Weil sie vielleicht ein bißchen klüger sind als man selber."
Benjamin blieb lange still.
„Aber", sagte er endlich, „wenn du meinst, daß der Josef dümmer ist als ich, dann ist es doch gut für den Josef, daß er mich hat, nicht wahr?"

Mutter und Tochter

Der Brief

Jetzt leben die Mama und Nuschi allein miteinander. Der Papa ist ins Ausland gefahren. Dort arbeitet er auf Montage. In einem halben Jahr wird er wiederkommen. Heute wollen sie ihm einen Brief schreiben.
Nuschi kommt zuerst nach Hause. Die Mama ist noch in der Fabrik. Nuschi stellt die Heizung höher. Dann schält sie Kartoffeln und setzt den Topf auf den Elektroherd. Sie knipst das Radio an und schaut ein bißchen zum Fenster hinaus.
Da fällt ihr ein, daß sie eigentlich mit dem Brief schon anfangen könnte. Sie holt Papier und einen Kugelschreiber.
„Lieber Papa“, beginnt Nuschi, „wir sind traurig ohne dich. Früher habe ich morgens immer deinen Rasierapparat gehört. Die Mama hat gestern geweint. Und die Nachttischlampe ist kaputt. Wir können sie nicht reparieren. Weißt du noch, wie wir ‚Mensch ärgere dich nicht‘ gespielt haben? Abends ist es ganz still. Trotz Fernsehen.“

Da schließt die Mama die Wohnungstür auf. Sie kommt herein und nimmt Nuschi in die Arme.
„Hast du dem Papa schon geschrieben?“ fragt die Mama.
„Nicht richtig“, sagt Nuschi.
Sie knüllt den Zettel zusammen und wirft ihn fort.
„Dann fang mal an“, sagt die Mama. „Ich mache in der Zeit die Rühreier.“
Nuschi setzt sich an den Tisch.
„Lieber Papa“, sagt sie.
„Es geht uns gut“, sagt die Mama.
Nuschi schreibt.
„Die Sonne scheint“, schreibt Nuschi. „Nebenan haben sie einen jungen Hund, der heißt Bibibitsch. Aussehen tut er aber anders.“
„Schreib uns bitte, wo der kleine Schraubenzieher ist“, sagt die Mama.

„Damit wir die Nachttischlampe reparieren können", schreibt Nuschi. „Jetzt essen wir Rühreier."
„Und am Sonntag gehen wir ins Kino", sagt die Mama.
„Hurra!" ruft Nuschi.
„Wir denken immer an dich", schreibt sie.
Und dann malt sie unter den Brief einen Blumenstrauß.

Der Spuk

Es ist Abend. Die Mama sitzt im Sessel und liest die Zeitung. Nuschi hockt auf dem Teppich und legt ein Puzzle. Es ist ein Gespensterpuzzle, und zu einem Gespenst findet Nuschi die linke Kopfhälfte nicht. Draußen stürmt es.
„Ich krieg's nicht fertig", sagt Nuschi.
Die Mama raschelt mit der Zeitung.
„Was liest du?" fragt Nuschi.
„Tja", sagt die Mama, „in einem Dorf im Norden heult jede Nacht um zwölf ein Hund."
„Der arme!" sagt Nuschi. „Warum heult er denn?"
„Das weiß kein Mensch", sagt die Mama. „Aber das Tollste ist, daß es in dem Dorf überhaupt keinen Hund gibt."
„Iii", sagt Nuschi, „das ist aber unheimlich."
In diesem Augenblick geht das Licht aus. Nur für eine Sekunde.
„Mama!" schreit Nuschi und klammert sich an ihre Mutter.
„Das ist doch kein Grund zur Aufregung", sagt die Mama. „Das macht der Sturm."
Sie liest weiter in der Zeitung. Nuschi wartet noch einen Moment. Dann kehrt sie zu ihrem Puzzle zurück.
„Mama", sagt Nuschi.
Sie hat das Stück vom Gespensterkopf gefunden.
Da klopft es.

Die Mama blickt über die Zeitung hinweg Nuschi an. Nuschi blickt die Mama an. Ihr ist innen ganz kalt.
„Es hat geklopft!“ flüstert sie.
„Das war nicht an der Tür“, sagt die Mama leise.
Nuschi macht keine Bewegung. Es ist schön und schrecklich, sich mit der Mama zusammen zu fürchten.
„Wer ist da?“ sagt die Mama endlich. „Ist da jemand?“
Niemand antwortet. Da kann die Mama trotz ihrer Furcht aufstehen und am Fenster nachschauen. Das hätte Nuschi nie fertiggebracht.
„Es war der Sturm“, sagt die Mama.
Sie guckt ins Nebenzimmer, in die Schränke und unter das Bett. Nuschi springt auf. Jetzt will sie auch was unternehmen. Sie öffnet alle Schubladen, den Backofen und die Kaffeekanne.
„Ist da wer?“ ruft sie.
„Du hast vergessen, in der Zuckerdose nachzusehen“, sagt die Mama. Sie blicken sich an und lachen.

Der schöne Abend

Am Abend war es spät geworden. Zuerst hatten die Mama und Nuschi sich einen dummen Film im Fernsehen angesehen. Dann hatten sie Würstchen heiß gemacht.
„Weißt du, daß nachher was über Tiere kommt?“ fragte Nuschi mit vollem Mund.
„Du solltest schon im Bett sein“, sagte die Mama. „Und ich muß morgen auch früh aufstehen.“
„Aber über Tiere!“ sagte Nuschi.
„Gut“, sagte die Mama, „bleiben wir noch ein bißchen auf. Ausnahmsweise“, sagte sie.
Sie setzten sich aufs Sofa und legten die Beine auf den niedrigen Tisch.
Der Film war sehr interessant. Die Mama und Nuschi bestaunten

Koala-Bären, die lieb aussahen. Und sie erfuhren, daß Koala „ich trinke nicht" heißt.
„Essen die wirklich nur Eukalyptusblätter?" fragte Nuschi.
„Ja", sagte die Mama. „Und die Teddybären sind nach ihnen gestaltet."
„Weißt du, daß wir noch Erdnüsse haben?" fragte Nuschi.
„Wir müssen ins Bett", sagte die Mama.
Aber Nuschi sagte, daß man nach dem Fernsehen immer noch miteinander sprechen sollte. Sie erfanden Namen für Koala-Bären. ‚Schnurzelbrumm' und ‚Toppeltap' und viele andere.
Dann kriegten sie Durst. Zum Schluß hörten sie noch ein wenig Musik.
„Es war ein schöner Abend", sagte Nuschi. „Nicht wahr?"
„Ja", sagte die Mama. „Schade, daß der Papa nicht da ist."
Aber dann dauerte es gar nicht lange, und Nuschi wachte auf, weil der Wecker klingelte.
Es kann doch nicht schon morgen sein, denkt Nuschi.
Es ist Morgen.
Nuschi stellt den Wecker ab. Sie tippt die Mama an.
„Mama", sagt sie, „du mußt aufstehen und zur Arbeit gehen."
„Hm", macht die Mama.
Sie dreht sich auf die andere Seite und schläft weiter.
„Und ich muß in die Schule", sagte Nuschi. „Hörst du nicht?" sagt sie und kuschelt sich fest an die Mama.
„Aufstehen", sagt sie noch einmal. Ganz leise.
Eigentlich denkt sie es mehr. Dann ist Nuschi auch wieder eingeschlafen.

„Manchmal ist es traurig, daß die Zeit vergeht", sagt Nuschi. „Zum Beispiel, wenn was Schönes im Fernsehen ist."
Die Mama nickt.
„Aber manchmal ist es gut", sagt Nuschi. „Bald kommt der Papa", sagt sie.
„Übermorgen", sagt die Mama.
Sie überlegen, daß sie alles hübsch machen wollen.
„Die Wände sind schmutzig", sagt Nuschi.
Da gehen sie in ein Geschäft um Tapete zu kaufen. Die mit den Teddybären würde Nuschi gut gefallen. Aber ob sie für den Papa das Richtige ist? Schließlich nehmen sie eine Tapete mit roten Rosen. Es sind sehr viele rote Rosen, eine blüht neben der anderen.
„Schön!" sagt Nuschi.
Und die Mama kauft gleich Kleister dazu.
Zuhause räumen sie das Zimmer aus. Dann rühren sie in einem Eimer den Kleister an und schneiden die Tapete in passende Bahnen.
„Warte", sagt die Mama.
Sie macht für Nuschi und sich Hüte aus Zeitungspapier. Auf einem alten Tisch streicht Nuschi die Tapeten mit Kleister ein.
Es ist sehr schwierig, die großen, widerspenstigen Papierbahnen an die richtige Stelle der Wand anzukleben. Aber weil die Mama tüchtig ist, und weil Nuschi ihr hilft, schaffen sie es doch.
Viele Stunden arbeiten sie. Zwischendurch singen sie ein bißchen, und manchmal schimpfen sie auch. Am späten Abend ist das Zimmer fertig tapeziert.
„Wunderbar", sagt Nuschi. „So viele rote Rosen!"
Die Mama nickt. Sie baden den Kleister runter. Dann schlafen sie.
Als Nuschi am anderen Morgen aufsteht, schaut sich die Mama schon die Tapete an.
„Es sind sehr viele Rosen", sagt Nuschi.
„Hm", sagt die Mama.
Wenn Nuschi länger hinsieht, tanzen die Rosen vor ihren Augen.

„Ein bißchen unruhig wirkt es ja", sagt die Mama.
Nuschi blinzelt.
„Komisch", sagt sie, „ich seh Gesichter zwischen den Rosen."
„Na ja", sagt die Mama, „ich weiß auch nicht recht. Glaubst du, daß wir uns mit dieser Tapete wohlfühlen?"
„Och", sagt Nuschi, „wir könnten uns ja mehr in der Küche aufhalten."
Nach einer halben Stunde haben Nuschi und die Mama einen Entschluß gefaßt. Sie kaufen Farbe und malen die Rosentapete weiß an.
„Schade", sagt die Mama. „All die viele Arbeit vergebens."
„Und eigentlich sollten die Rosen ja ein Geschenk für den Papa sein", sagt Nuschi. „Aber die Rosen bleiben ja auch", sagt sie dann. „Du weißt, daß sie da sind, und ich weiß es, und dem Papa können wir es sagen."
„Ja", sagt die Mama, „und außer uns ahnt kein Mensch, daß unter der weißen Farbe rote Rosen blühen.

Die alte Frau

Die Mama räumt das Zimmer auf.
„Hier liegt noch die Stromrechnung für die Frau Hompke vom dritten Stock", sagt sie. „Der Postbote hat sie irrtümlich zu uns gebracht. Trägst du sie rauf?"
„Och", sagt Nuschi. „Nee."
„Warum denn nicht?" fragt die Mama und nimmt die Mickymaushefte aus dem Brotkörbchen.
„Weil...", sagt Nuschi. „Alte Leute sind langweilig."
Die Mama findet eine Nähnadel mit einem Faden auf dem Sofa.
„So eine alte Frau", sagt die Mama, „oder ein alter Mann, die haben viele geheime Schätze."
Nuschi schaut.
„Klar", sagt die Mama, „sie haben ein langes Leben gelebt. In ihren Köpfen sind unzählige Geschichten, lustige und traurige. Ihre Augen

haben Plätze und Ereignisse gesehen, die wir nicht kennen. Ihre Ohren haben Dinge gehört, die wir nicht wissen. Ihre Hände haben Sachen angefaßt, denen wir niemals begegen werden, weil es sie nicht mehr gibt. Und sie haben Menschen getroffen, über die wir nichts erfahren, wenn sie uns nicht von ihnen berichten."

Nuschi dreht die Stromrechnung in den Händen.

„Meinst du?" sagt sie. „Aber die Frau Hompke spricht nicht mit mir. Die sagt höchstens: Du bist aber groß geworden! Und dann gibt sie mir ein blödes Bonbon."

Die Mama lacht. Sie poliert die Fensterbank und stellt die Blumentöpfe wieder hin.

„Du läufst ja auch so schnell wieder weg", sagt sie zu Nuschi. „Ich weiß ganz bestimmt, daß die Frau Hompke gern mit dir reden würde. Sie ist ja immer allein. Aber Erinnerungen kann man nicht anknipsen wie ein Radio. Da braucht man schon Zeit."

Nuschi nickt. Sie nimmt die Stromrechnung und läuft die Treppen hinauf.

„Du bist aber groß geworden!" sagt die Frau Hompke.

„Ja", sagt Nuschi. „Darf ich ein bißchen hereinkommen?"

Erwachsen werden

Hanka

Hankas Mutter sieht die Dinge richtig. Sagt sie nicht immer wieder im voraus, was passieren wird? Hanka braucht sich nur nach ihrer Mutter zu richten, dann ist alles gut. Und wenn sie sich nicht nach ihrer Mutter richtet? Das hat sie ja gesehen, damals auf der Kirmes.
„Nein", hat die Mutter gesagt, „fahr nicht mit dem Autoscooter. Du wirst dir weh tun!"
Und Hanka ist doch gefahren, und ein anderes Auto hat das ihre gerammt. Da hat sie sich die Lippe aufgeschlagen, daß es geblutet hat.
„Ich habe es dir ja gleich gesagt!"
„Bleib bei mir!"
„Gib mir deine Hand, ich passe auf."
„Zieh den gefütterten Mantel an, es wird kalt werden."
„Spiel nicht mit der Mieke, die taugt nichts."
Und kurz darauf hatte die Mieke dann Geld geklaut. Aber vielleicht hätte sie es gar nicht geklaut, wenn Hanka bei ihr gewesen wäre.
Im Herbst sind sie aufs Land gefahren, Hanka und die Mutter.
„Geh nicht in den Stall, du machst dich schmutzig!"
„Laß den Hund, er wird dich beißen!"
Aber die Mutter sang auch mit Hanka, wenn sie spazierengingen. Sie sammelte Herbstblätter mit ihr und späte Margeriten. Warum wollte Hanka allein in der Scheune spielen?
„Das ist gefährlich", sagte die Mutter.
Da würden sie lieber Brombeeren sammeln.
„So ein blauer Himmel", sagte die Mutter. „Da kann man nur fröhlich sein."
Hanka blickte zum Himmel empor. Sie war nicht fröhlich.
Das wolkenlose Blau erschien ihr leer und kalt. Was war los mit Hanka, daß sie den grauen Himmel des nächsten Tages schön fand?
„Es wird regnen", sagte die Mutter. „Es wird schlechtes Wetter werden."
„Warum ist Regen schlechtes Wetter?" fragte Hanka.
Die Mutter hörte es nicht.

„Laß uns helfen, Äpfel aufzusammeln", sagte sie.
An einem der Bäume stand noch die Leiter.
„Ich will die Äpfel ganz oben aus dem Baum holen", sagte Hanka. „Die vergessenen."
„Du wirst herunterfallen", sagte die Mutter. „Laß das", sagte sic.
„Nein", sagte Hanka.
Sie stieg die Leiter empor und stieg von Ast zu Ast immer höher hinauf. Sie kletterte durch das Laub dem sanften, grauen Licht des Himmels entgegen.
Hanka fiel nicht herunter, und sie fühlte sich prima. Ihr war, als habe sie ein Band zerrissen, das sie gehindert hatte, sich zu bewegen.
Und als sie zurückblickte, sah sie ihre Mutter weit, weit fort und sehr klein.

Tuja

Im Winter waren sie hier eingezogen. Tuja war lange allein gewesen. Natürlich traf er in der Schule viele Kinder. Aber einen Freund hatte er nicht gefunden.
Tujas Mutter war berufstätig, und sein Vater war tot. Da hatte es Nachmittage gegeben, die endlos schienen. Tuja hatte am Fenster gesessen und in den Hof hinuntergeschaut, in dessen Mitte der Kastanienbaum stand. Schnee war gefallen, und Tuja hatte den Vögeln Futter aufs Fensterbrett gestreut. Stundenlang hatte er ihnen zugeschaut. So zart waren sie, ein bißchen Haut und ein paar Federn um ein pochendes Herz. Tuja hätte sie mit seiner Hand umfangen wollen, um sie zu schützen. Wie ein kleines Haus sollte es für sie sein. Aber war nicht seine Hand zu grob?
Im Frühjahr war dann Andreas ins Gartenhaus eingezogen. Natürlich hatte Tuja damals nicht gedacht, daß sie Freunde werden würden.
„Er ist doch erwachsen!" hatte Tujas Mutter gesagt.
Als ob man mit einem Erwachsenen nicht befreundet sein könnte! An-

dreas redete nicht solchen Quatsch wie die Jungen in seiner Klasse. Und dann wußte er auch eine Menge. Tuja mochte alles an Andreas. Wie er sich kleidete, wie er sprach, wie er ging und wie er dachte.
„Wirst noch selber ein kleiner Andreas“, sagte seine Mutter.
Aber im Grunde war sie einverstanden. Früher war Tuja empfindlich gewesen und ein bißchen wehleidig. Im Winter hatte er sogar nachts im Bett warme Socken getragen. Jetzt konnte er schwimmen, und er sprang vom Fünf-Meter-Brett. Andreas hatte es ihm gezeigt.
Andreas brachte ihm bei, Aufnahmen mit einem Kassettenrecorder zu machen und zu fotografieren. Es gab kaum etwas, das Andreas nicht konnte. Dabei war er immer fröhlich.
„Man darf über alles lachen“, sagte Andreas. „So wichtig ist das Leben nicht.“
Bald hatte Tuja sich nicht mehr erinnert, warum er früher oft traurig gewesen war.
Der Frühling war gegangen und der Sommer. Jetzt war es Herbst. Seit ein paar Wochen baute Andreas an einem Auto. Tuja half dabei. Es würde ein richtiges großes Auto werden, und sie würden damit wegfahren, Andreas und Tuja.
Manchmal wünschte Tuja, sie hätten ein Geheimnis miteinander, etwas, was nur sie beide wußten. Aber sicher war das kindisch, und Andreas würde darüber lachen. Trotzdem hatte Tuja es heute wieder denken müssen.
Er lief durch den Flur und in den Hof hinaus, als ein Schuß fiel. Tuja blieb stehen und sah es: Andreas hatte einen Vogel aus dem Kastanienbaum geschossen.
Zuerst dachte Tuja, daß es ein böser Traum sei. Andreas schoß nicht auf Vögel. Andreas konnte das nicht getan haben. Er kannte Andreas. Andreas war sein Freund.

Aber es war kein Traum, und Andreas hatte es getan, und so mußte er einen Grund haben. Es mußte einen Grund geben, den Tuja nicht wußte. Einen Grund, den er verstehen würde. Es würde sich aufklären.
„Warum hast du das getan?“ fragte Tuja. „Warum?“
„Ich wollte mein neues Gewehr ausprobieren“, sagte Andreas.
Er hielt die kleine Leiche des Vogels an den Beinen und ließ sie baumeln.
Tuja konnte nichts tun. Er konnte nichts sagen und nichts tun. Er stand da, stumm und starr vor Enttäuschung, und Andreas lachte.

Sabine

Die ganze Woche hatten die Eltern keine Zeit gehabt, mit Binchen auf den Rummel zu gehen. Heute war Sonntag.
„Sonntag ist der letzte Tag“, sagte Binchen. „Ihr habt es versprochen“, sagte sie.
„Ja“, sagte die Mutter. „Aber der Vater muß noch einmal fort. Und um vier kommt Tante Melanie.“ Sie blickte Binchen an. „Geh allein“, sagte sie. „So klein bist du nun auch nicht mehr.“

Damit hatte Binchen nicht gerechnet. Sie durfte allein auf den Rummel!
„Aber fall' nirgendwo runter", sagte die Mutter.
Sie gab Binchen drei Mark.
„Nein", sagte Binchen.
Sie steckte das Geld tief in ihre Hosentasche. Dann schaute sie noch schnell in den Spiegel. Aber obschon sie sich ganz besonders fühlte, sah sie aus wie immer.
Der Rummelplatz war voller Farben, Gerüche und Musik. Sabine konnte hingehen wo sie wollte. Ob sie mit der Achterbahn fuhr? Aber da brauchte sie vielleicht doch jemanden zum Festhalten, besonders wenn es bergab ging. Sie würde mit der Geisterbahn fahren und mit dem Kettenkarussell.
Aber zuerst kaufte Sabine sich eine Wurst. Sie aß allen Senf auf, obschon das ungesund war. Und der Senf schmeckte prima. Doch dann hatte sie so einen doofen Geschmack im Mund, daß sie sich schnell eine Portion Türkischen Honig kaufen mußte. Und kurz darauf hielt ihr ein Junge eine Büchse mit Losen hin.
Sabine griff hinein, und dann waren die Lose teurer, als sie gedacht hatte. Und gewonnen hatte sie auch nichts. Das wäre ja nicht so schlimm gewesen. Schlimm war nur, daß sie jetzt kein Geld mehr hatte.
„Gibst du mir noch was?" hatte Binchen da früher die Mutter gefragt. Oder den Vater. Das war schön gewesen. Sabine blieb bei der Geisterbahn stehen.
„Willst du mitfahren?" fragte eine Frau ein Kind, das sie an der Hand hielt.
Niemand fragte Sabine. Das Kettenkarussell drehte sich auch ohne sie. Sabine schluckte. Sie machte sich auf den Heimweg. Klang nicht die Musik ganz traurig hinter ihr her?
Aber je näher Sabine dem Haus kam, in dem sie wohnte, um so fröhlicher wurde sie. Sie war allein auf dem Rummelplatz gewesen! Und sie hatte es gut gemacht. Sie hatte ein Würstchen gegessen, Türkischen Honig, und sie war nirgendwo runtergefallen.
„Wie war's?" fragte Tante Melanie.
„Toll", sagte Sabine. „Es war ganz wunderschön."

Und wenn sie noch so gemein waren, die kriegten ihn doch nicht! Nicht wirklich. Weil Manuel in sich selber hineinkriechen konnte. Und weil er da die anderen nicht mitnahm.
Die anderen waren seine Brüder. So dumm war er nicht mehr, daß er ihnen Dinge zeigte, die ihm gehörten. Sie nahmen sie ihm doch nur weg. Der große Froschkönig war jetzt auch ihr Besitz. Dabei hatte er ihn entdeckt. Sie waren älter als er, und er fühlte sich manchmal allein. Da gab es Stunden, in denen er wünschte, daß sie gut mit ihm waren. Er hatte sie dann auch richtig gern, obschon er das eigentlich gar nicht wollte. Es machte ihn schwach.
Jedenfalls verriet er ihnen jetzt nichts mehr.
Der Stein mit dem Froschmaul war so groß, daß man auf ihm sitzen konnte. Man konnte auf ihm sitzen und so allerhand denken. Aber das war jetzt nicht mehr Manuels Froschkönig. Manuel würde nie wieder auf ihm sitzen. Das war nicht schlimm. Manuel hatte ganz was anderes. Was Besseres hatte er!
Er ging leise die Treppe hinauf, öffnete die Speichertür einen Spalt und glitt hinein. Dann schlich er auf Fußspitzen zum Schrank. In dem Schrank mit den alten Kleidern wohnte sein Tier.
‚Das schöne Tier' nannte Manuel es bei sich. Es war eine Katze, eine Eule, ein Luchs und ein Frettchen, alles zusammen. Es war, was es nie zuvor gegeben hatte. Es war sein schönes Tier.
Manuel drückte sein Gesicht an den Spalt in der Schrankwand. Natürlich hätte er die Schranktür öffnen können. Aber das wollte er nicht einmal in Gedanken. Er drückte sein Gesicht an den Spalt in der Schrankwand, und sie blickten einander an.
Manuel atmete durch den Spalt in den Schrank hinein. Das Tier mochte seine Wärme und seinen Geruch. Ganz sanft atmete Manuel, und das schöne Tier hatte Augen wie Monde, und nur für ihn.
Alle Tage sah Manuel sein Tier, viele Wochen lang.
„Was machst du denn auf dem Speicher?" fragten sie ihn plötzlich.
Manuel hätte etwas erfinden können.

„Nichts“, hätte er sagen können.
Aber da war eine Wut in ihm, und er wollte, daß sie ahnten, daß es geheimnisvolle Dinge in seinem Leben gab. Dinge, an denen sie nicht teilhaben konnten.
„Ich treffe jemand“, sagte Manuel.
„Auf dem Speicher!“ Sie lachten. „Der Kleine trifft jemand auf dem Speicher. Ist es das Rumpelstilzchen?“
„Der sieht ja auch den Froschkönig in einem ganz einfachen Feldstein“, sagte der eine.
„Und in der Gosse einen blauen Fisch!“
Da war auch einer gewesen! Es war lange her. Manuel schnappte nach Luft.
„Spinner!“ sagten sie.
„Ich hab ein Tier im Kleiderschrank!“ schrie Manuel. „Ein schönes Tier!“
Er drehte sich um und rannte die Treppe hinauf. Er stand vor dem Schrank, und er mußte es tun. Er riß die Tür auf, und natürlich war das Tier fortgegangen, weil er es verraten hatte.
Doch ganz tief innen wußte Manuel, daß etwas anders geworden war. Etwas war für ihn vorüber, und er ahnte, daß er werden würde wie seine Brüder und die anderen Jungen, die er kannte. Nicht so gemein vielleicht. Aber er würde nur noch die gleichen Dinge sehen wie sie.
Ganz ruhig griff er in den Schrank. Er nahm das dunkle Wollkleid, das zusammengesunken in der Ecke lag und faltete es so, daß die beiden großen, goldenen Knöpfe nun innen waren.

Matthias

„Du mußt mir helfen“, sagte Matthias.
„Wobei?“ fragte der Vater.
Er schaute vom Aquarium auf.
„Es ist wichtig“, sagte Matthias. „Da ist ein Hund, in der Völkerstraße, ein junger Hund. Der ist dauernd an der Kette.“
„Hm“, sagte der Vater.
„Er leidet“, sagte Matthias. „Hunde sind Lauftiere. Wir müssen was unternehmen“, sagte er.

„Was sollen wir unternehmen?“ fragte der Vater.
„Wir könnten ihn klauen“, sagte Matthias.
„Es ist dir doch klar, daß das verboten ist“, sagte der Vater.
Er krümelte irgendwas ins Aquarium hinein.
„Warum ist es nicht verboten, daß ein Hund so unglücklich ist?“ fragte Matthias.
„Hast schon recht“, sagte der Vater. „Aber da kann man nichts machen.“
Zuerst glaubte Matthias nicht, daß das alles war, was sein Vater sagte und tat. Sein Vater war gegen jede Ungerechtigkeit. Er konnte es nicht glauben. Aber sein Vater strich ihm übers Haar und ließ ihn stehen.
Matthias schluckte. Dann zog er seine Jacke an und ging in die Völkerstraße. Der Hund kannte ihn schon. Er riß wie verrückt an der Kette und schrie wieder in diesem jämmerlichen, hellen Tonfall. Er war jung. Er wollte laufen und spielen.
„Scheiße!“ sagte Matthias.
Plötzlich stand ein Mann da.
„Willst du was?“ fragte er.
„Ich spreche nur mit dem Hund“, sagte Matthias.
Der Mann sah ihn an, begriff wohl nicht.
„Ist es Ihr Hund?“ fragte Matthias.
„Ja“, sagte der Mann.
„Er ist immer an der Kette“, sagte Matthias.
„Und?“ sagte der Mann.
Matthias fühlte, wie sein Herz gegen die Rippen klopfte.
„Ein Hund braucht Bewegung“, sagte er.
„Ich hab andere Sorgen“, sagte der Mann.
„Ich würde mit ihm spazierengehen“, sagte Matthias. „Jeden Tag.“
„Er wird dir abhauen“, sagte der Mann.
„Nein“, sagte Matthias.
Ein wenig später hielt er die Leine in der Hand. Der Hund sprang an ihm hoch.
Er lacht, dachte Matthias. Und er dachte noch etwas. Da konnte man doch was machen, dachte er.

Der von Sonstwo

Als sie ihn zum erstenmal sahen, saß er auf dem Ast eines Baumes. Er trug Jeans und aß ein Eis.
„Der sieht aus wie Serjoscha", sagte Martin.
„Wer ist das?" fragte Elsa. „Serjoscha?"
„War mal im Fernsehen", sagte Martin.
„Der hat ja grüne Haare!" sagte Laura.
„Quatsch!" sagte Martin.
Tatsächlich hatten die Haare des fremden Jungen eine schwer bestimmbare Farbe.
„Serjoscha!" rief Elsa.
„Hallo!" sagte der Junge.
„Bist du wirklich der Serjoscha aus dem Fernsehen?" fragte Martin.
„Aus dem was?" fragte der Junge.
Die Kinder blickten sich an.
„Du hörst doch auf Serjoscha", sagte Laura.
„Sie hat mich so genannt", sagte er und zeigte auf Elsa.
„Das ist Elsa", sagte Martin, „das ist Laura, und ich bin Martin. Wo wohnst du denn?"
Serjoscha zeigte hinter sich. Da war die ganze Stadt.
„Komm runter", sagte Laura.
Der Junge fiel vom Baum wie ein Apfel. Aber er landete weich, als hätte er Katzenpfoten.
„Mensch!" sagte Martin. „Wie machst du das denn?"
„Hab ich von meiner Mutter gelernt", sagte Serjoscha. „Meine Mutter ist eine Seiltänzerin", sagte er.
Einen Moment lang sprach keiner.
„Wirklich?" fragte Laura dann.
Der Junge lachte.
„Nein", sagte er. „Meine Mutter ist eine Halbindianerin. Sie reitet wilde Pferde zu. Sie hat zwei schwarze Zöpfe."
„Und das ist wahr?" fragte Martin.
„Meine Mutter ist eine Tänzerin", sagte der fremde Junge. „Sie hat

Glöckchen an ihrem Kleid. Und wenn sie nicht tanzt, backt sie Kuchen für mich."
Nun fragten sie ihn nichts mehr.
„Ich muß fort", sagte Serjoscha plötzlich.
„Kommst du wieder?" fragte Elsa. Da war er schon verschwunden.
„So ein Spinner", sagte Martin.
„Vielleicht hat er gar keine Mutter", sagte Laura.
Sie setzten sich unter den Baum und dachten über den fremden Jungen nach.

Die Rache der Toten

Am nächsten Tag trafen sie den Jungen vor dem Friedhof. Er saß an die Mauer gelehnt und aß ein Eis.
„Hallo, Elsa!" sagte Serjoscha.
Elsa wurde rot.
„Spielen wir was?" sagte Martin.
„Ja", sagte Serjoscha. „Da drin", sagte er.
„Auf dem Friedhof?" Elsa machte große Augen.
„Auf dem Friedhof darf man nicht spielen", sagte Laura.
„Warum nicht?" fragte Serjoscha.
„Wegen der Toten", sagte Martin. „Das stört ihre Ruhe."
„Aber sie sind doch tot", sagte Serjoscha. „Sie hören uns nicht, und sie sehen uns nicht."
„Er hat recht", sagte Elsa.
Martin zuckte die Achseln. Dann gingen sie auf den Friedhof. Die Sonne schien, und tausend Blumen blühten. Serjoscha stieß einen lauten, hellen Schrei aus. Laura nahm Elsa beim Arm.
„Die Toten werden sich rächen", sagte sie hinter der vorgehaltenen Hand.
Elsa fühlte, wie es ihr eiskalt den Rücken hinunterlief.
„Spielen wir Verstecken", sagte Serjoscha.

Sie versteckten sich hinter den Bäumen und Sträuchern und hinter den Grabsteinen. Es machte Spaß. Sie merkten nicht einmal, daß es dämmerig wurde.

Und dann plötzlich geschah es: Hinter einem großen Marmorkreuz tauchzte eine Gestalt in einem langen Gewand auf.
„Die Toten!" schrie Elsa. „Serjoscha!" schrie sie. „Sie rächen sich!"
Aber Serjoscha war nicht da. Nur eine leichenblasse Laura und ein stiller Martin hielten einander umfangen.
„Raus hier!" schrie da der Tote, der in Wirklichkeit der Friedhofsgärtner mit seiner langen Schürze war. „Gesindel!" schrie er. „Raus!"
Als sie endlich draußen ankamen, wurde es dunkel. Serjoscha saß an die Friedhofsmauer gelehnt und aß ein Eis.

Liebesgeschichte

Elsa war allein. Sie lag im Gras hinter dem großen Parkplatz auf dem Bauch und heulte.
„Elsa?" sagte Serjoscha.
Er hielt ihr sein Eis hin und setzte sich neben sie. Aber Elsa wollte kein Eis.
„Die sind ja alle so gemein!" schluchzte sie. „In der Schule haben sie mich ausgelacht, weil ich das beim Rechnen nicht konnte. Und ich bin ja auch dumm!"
Serjoscha strich ihr übers Haar. Ganz sanft strich er ihr übers Haar, immer wieder.
„Und hübsch bin ich auch nicht", sagte Elsa. „Deswegen lachen sie auch. Weil ich schiefe Zähne habe und so."
Serjoscha sagte nichts. Er streichelte Elsa.
„Laura ist nicht gemein", sagte Elsa. „Aber die braucht mich nicht. Die hat ja den Martin. Und der Martin braucht mich auch nicht, weil er die Laura hat."
Sie weinte, daß ihr ganzer Körper bebte. Serjoscha streichelte Elsas

Haar. Er streichelte ihre Schultern, ihre Arme, ihren Rücken, ihren Popo und ihre Beine.
Es war wunderschön. Ein bißchen schluchzte Elsa noch. Dann hörte sie auf, zu schluchzen. Serjoscha war da.
Er nahm sie bei der Hand, und er trug einen veilchenfarbenen Anzug und Elsa ein Spitzenkleid. Sie gingen an der Schule vorbei, und alle guckten.
„Das ist meine Frau“, sagte Serjoscha.
Da erklang Musik, und alle waren nett und tanzten um Serjoscha und Elsa im Kreis.
Doch das mußte Elsa wohl geträumt haben. Sie lag hinter dem Parkplatz im Gras auf dem Bauch. Aber sie weinte nicht. Sie war sehr glücklich. Sie drehte sich um und schlug die Augen auf. Da saß Serjoscha neben ihr. Er aß ein Eis und lächelte ihr zu.

Verfolgung

„Mit dem Burschen stimmt doch was nicht!“ sagte Martin. „Der taucht auf und verschwindet wie ein Spuk. Der springt, als ob er nichts wiegt. Der erzählt uns Märchen, und in die Schule geht er auch nicht. Grüne Haare hat er…“
„Das ist nicht wahr“, sagte Elsa.
„Hast du selber behauptet“, sagte Laura.
„Und die ewige Eisesserei geht mir auch auf den Wecker“, sagte Martin.
„Ich werd herauskriegen, wo er wohnt!“
„Laß ihn doch“, sagte Elsa.
„Du bist bloß in ihn verknallt“, sagte Laura.
Am Abend dieses Tages folgte Martin Serjoscha heimlich. Zuerst gingen sie die Hauptstraße entlang, Serjoscha voraus und Martin in einigem Abstand.

Dann bog Serjoscha um eine Ecke, und Martin rutschte auf einer Bananenschale aus und fiel hin.
„Vertrixt!“ sagte er.
Er sprang wieder auf und rannte los. Serjoscha war in eine Seitenstraße eingebogen. Fast hätte er ihn verloren gehabt. Serjoscha leckte ein Eis und ging auf eine Kreuzung zu. Würde er sich nach links oder nach rechts wenden?
Genau in diesem Augenblick lief ein großer Hund Martin zwischen die Füße.
„Donner und Doria!“ schrie Martin.
Er rappelte sich wieder auf, stürmte nach links und nach rechts, bis er endlich Serjoscha sah. Serjoscha steuerte auf die Altstadt zu. Da gab es ein Gewirr von Gassen.
Wenn ich ihn da verlier, krieg ich ihn nie mehr, dachte Martin.
Eine Sekunde später klatschte ihm was auf die Nase. Es war etwas Feuchtes. Ein Vogel hatte Martin auf die Nase gemacht.
„Das geht nicht mit rechten Dingen zu!“ sagte Martin und suchte sein Taschentuch.
Serjoscha war verschwunden. Martin jagte durch die Gassen, bis er fast keine Luft mehr kriegte. Da legte sich eine Hand auf seine Schulter.
„Suchst du was?“ sagte Serjoscha hinter ihm.
Martin spürte, wie er rot wurde.
„Ne“, sagte er, „ich trainiere.“
Serjoscha grinste. Und Martin ist dann heimgegangen.

Von einem anderen Stern?

Sie saßen unter dem Baum, auf dem sie damals Serjoscha zum erstenmal gesehen hatten. Jetzt kannten sie ihn schon seit Wochen. Aber kannten sie ihn wirklich?
Serjoscha kam etwas später als sonst. Er hatte heute kein Eis.

„Wir hätten gern etwas von dir gewußt“, sagte Martin. „Dürfen wir dich was fragen?“
„Klar“, sagte Serjoscha. „Was denn?“
„In welche Schule gehst du?“ fragte Laura.
„In die Elisabeth-Johannes-Schule“, sagte Serjoscha.
„Hast du einen Vater?“ fragte Martin.
„Jeder hat einen Vater“, sagte Serjoscha.
„Und was macht er?“ fragte Laura.
„Er ist Bauchredner“, sagte Serjoscha.
„Du schwindelst doch“, sagte Martin. „Warum schwindelst du immer?“
„Ihr glaubt mir ja doch nichts“, sagte Serjoscha.
„Was ist die Wahrheit?“ fragte Laura.
„Die Wahrheit ist, daß ich grüne Haare habe“, sagte Serjoscha und grinste.
Nein, mit dem wurden sie nicht fertig!
„Und wo wohnst du?“ fragte Martin.
„In einem Kuckucksnest“,sagte Serjoscha. „Und meine Mutter ist der Klapperstorch.“
„Laßt uns lieber was spielen“, sagte Elsa.
Sie machten eine kleine Erdmulde und holten ihre Murmeln hervor. Serjoscha gewann. Wie sie es auch immer anfingen, Serjoscha gewann jedes Spiel.
„Wie machst du das bloß?“ fragte Martin.
„Das hab ich von meiner Mutter“, sagte Serjoscha, „die ist eine...“
Er blickte die anderen an und schwieg und grinste.
„Ich hol mir’n Eis“, sagte er dann plötzlich.
Er stand auf und ging. Sie warteten eine halbe Stunde. Sie warteten eine Stunde. Serjoscha kam nicht. Er kam am nächsten Tag nicht und am übernächsten auch nicht. Er kam die ganze Woche nicht, und er kam in der folgenden Woche nicht. Serjoscha kam nie mehr.
Die Elisabeth-Johannes-Schule gab es nicht. Sie hatten sich erkundigt.
„Wer weiß“, sagte Martin, „wo der hingehörte!“
„Der stammte vielleicht von sonstwo“, sagte Laura.
Und Elsa sagte: „Von einem anderen Stern?“

Träume

Bärbel, 10

Im Traum war ich in der Stadt. Wir wohnen ja ein bißchen außerhalb. Also, ich war in der Stadt und wollte mir ein Eis kaufen. Es war Sommer. Auf einmal fängt es an zu schneien. Aber das waren nicht so kleine Schneeflocken, wie man sie kennt. Faustgroß waren die Flocken!
Ich bin gleich ganz doll glücklich gewesen, weil das so schön war. Und dann hab ich gedacht, daß ich schnell nach Hause will, um mit meiner kleinen Schwester Schlitten zu fahren.
Ich hab auch schon den Bus gesehen, den ich nehmen muß. Aber der Bus ist nicht durch den Schnee durchgekommen. Es hat sehr komisch ausgesehen, wie er es immer wieder versucht hat. Die Autos sind auch nicht durchgekommen, und es hat geschneit und geschneit.
In einem Schaufenster hab ich ein Fahrrad gesehen. Das hing da. Ich hab plötzlich viel Geld bei mir gehabt. Da bin ich in das Geschäft hineingegangen und habe das Fahrrad gekauft.
Ich bin sehr froh gewesen, und draußen habe ich mich auf das Fahrrad gesetzt und bin losgefahren. Ich bin freihändig gefahren. Die Hände hab ich durch den Schnee gleiten lassen, denn der reichte mir bis zu den Knien. Der Schnee glitzerte und war so weich.
Und dann bin ich in einer Kurve mit dem Fahrrad umgekippt und in den wunderschönen Schnee hineingefallen. Tief hineingesunken bin ich. Als ich aufgewacht bin, lag ich im Bett. Mit der Nase im Kissen.

Volker, 11

Ich weiß gar nicht mehr, daß ich eingeschlafen bin. Ich weiß nur, daß es Nacht war, und daß ein Haus gebrannt hat. In dem Haus sind Tiere gewesen, die haben geschrien. Und die Fensterläden haben geklappert, und ein Wind ist gegangen, ein richtiger Feuerwind.
Ich habe mich sehr gefürchtet. Auf einmal ist das Tor von dem brennen-

den Haus aufgesprungen, und die Tiere sind herausgestürzt. Es waren schwarze und weiße Pferde. Sie haben gewiehert, und Funken sind aus ihren Mähnen fortgesprungen.
Ich habe gewartet, daß meine Schildkröte auch aus dem Haus herauskommt, und ich war furchtbar aufgeregt. Aber es sind nur Pferde gekommen.
Das Dach ist zusammengekracht, und die Flammen sind ganz hoch geschossen. Um mich herum sind lauter dunkle Leute gewesen, die sich bewegt haben.
Ich wollte ihnen sagen, daß meine Schildkröte noch in dem Haus ist. Aber ich hab nichts sagen können. Vielleicht ist es auch bloß so laut gewesen von dem Feuerwind, daß man meine Stimme nicht gehört hat. Jetzt sind keine Pferde mehr aus dem Haus gekommen, und das Haus ist mehr und mehr zusammengefallen. Ich bin immer nur dagestanden. Aber dann hab ich die Hände in die Tasche meiner Jacke gesteckt, und da ist die Schildkröte gewesen!
Als ich wieder zum Haus hingeschaut hab, war es nicht mehr da. Eine Wiese mit Löwenzahn war da. Und Löwenzahn mag meine Schildkröte am liebsten.

Andi, 8

„Ja", sagte die Andi, „zuerst bin ich natürlich eingeschlafen. Und da geh ich dann so die Straße entlang und schau mir alles an. Die Sonne hat geschienen. Am Straßenrand hat ein Auto gestanden, da war niemand drin. Es ist ein altes Auto gewesen. Ziemlich alt. Da hab ich mir gedacht, daß ich mit dem Auto fahren will.
Ein Mann ist gekommen und hat mich gefragt, ob er mich fahren soll. Aber ich hab selber fahren wollen. Hab ich nein gesagt. Ich bin in das Auto eingestiegen und bin einfach losgesaust. Das hat ganz schön gescheppert, weil es ja doch ein altes Auto gewesen ist. War aber prima, so zu fahren. Zuerst die Straße entlang, an den Leuten vorbei.

Und dann bin ich auf die Autobahn. Da ging's dann los. Ich bin natürlich gleich schneller gefahren, weil man ja auf der Autobahn schneller fahren kann. Mensch, bin ich gejagt!
Und dann ist vom Auto was runtergefallen, eine Tür, glaub ich. Da hab ich schon einen Schreck gekriegt! Aber ich bin weiter. Mit einer ganz tollen Geschwindigkeit bin ich an den anderen vorbei. Bums – ist wieder was runter. Vorne so'n Stück, das ist wohl ein Kotflügel gewesen. Aber ich hab mir nichts gedacht. Ich bin bloß so gefahren und gefahren. Mal bin ich in der Mitte gegen die Leitplanke geknallt. Rums! Aber mir ist überhaupt nichts passiert. Das war ganz toll in dem Auto. Ein bißchen was ist dann wieder abgefallen. Da hab ich unten durchgucken können auf die Straße.
Aber ich hab überhaupt keine Angst gehabt. Während der ganzen Fahrt hab ich keine Angst gehabt.
Dann ist das Auto noch ein bißchen weniger geworden und noch ein bißchen. Aber dem Auto hat es nichts ausgemacht. Das war weiter ganz doll schnell. Dabei sind die Sachen nur so auf die Straße gepurzelt: Die Scheibenwischer und die Lampen und die Fenster. Und dann hat's gekracht, und die ganze hintere Autohälfte war weg. Das Dach auch. Ich bin mit dem vorderen Auto weitergefahren, als ob gar nichts passiert wäre. Auf einmal ist dann noch der Sitz neben mir verschwunden.
Macht doch nichts! Ich hab ja meinen Sitz gehabt und das Radel – das Lenkrad. Und als mein Sitz dann auch noch weggewesen ist, bin ich einfach mit dem Radel gefahren. Ich hab es ganz fest gehalten, und das ging prima.
Nach Hause bin ich. Hui – das war eine Fahrt! Endlich hab ich das Haus gesehen, und da bin ich zum Fenster rein und geradewegs in mein Bett. Tja, und dann hab ich die Augen aufgemacht und hab mich umgeblickt und gesucht. Wo ist denn das Radel, hab ich mir gedacht."

Gisela, 12

Ja, das war ein Traum. Aber als ich ihn geträumt habe, habe ich geglaubt, daß er Wirklichkeit ist, und das war schrecklich.
Ich bin mit einem Ballon über das Land geflogen. Zuerst war es sehr schön, denn ich flog ganz hoch, und unten sah alles hübsch aus. Der Wald, die Wiesen, die Flüsse und die kleinen Menschen und Tiere. Der Wind war warm, und es ging mir gut.
Aber dann ist der Ballon gesunken. Immer tiefer ist er gesunken. Und da war nichts mehr freundlich und schön.
Die Bäume haben Krallenhände nach mir ausgestreckt, und die Flüsse waren voll von einer dicken, brodelnden, schäumenden Masse. In den Wiesen waren Krater, in die ich hineinfallen sollte. Und im Inneren der Krater war ein Sog, der alles, was er fassen konnte, in sich hineinsaugte.
Aber am schlimmsten waren die Menschen und die Tiere. Sie waren schreckliche Ungeheuer geworden, Riesenmolche mit aufgerissenem Rachen, schwabbelnde Kröten, schleimige Frösche, Kaulquappen so groß wie Drachen, seltsame warzige Lebewesen ohne Gesichter.
Die Erde war bedeckt mit krabbelnden, kriechenden Geschöpfen. Sie atmeten, zuckten und wanden sich.
Und ich kam ihnen immer näher, denn mein Ballon sank und sank. Ich konnte nichts tun. Ich war ganz starr. Gleich würde ich zwischen sie fallen. Sie würden mich packen. Tiefer, immer tiefer.
Doch dann hab ich plötzlich geschrien. Ich hab geschrien und geschrien, bis ich endlich wach wurde.

Niki, 7

„Am Abend war ich ein bißchen naß nach Hause gekommen", sagt der Niki. „Da war meine Mama böse. Sie hat mich ins Bett geschickt.
Im Traum hat sie mich immer noch so angeschaut. Dann bin ich ganz allein gewesen. Zuhause bin ich gewesen. Und ich hab nicht weggehn sollen. Ich bin aber doch gegangen.
Es war kalt und dunkel, und nirgendwo war einer. Ich hab auf der Straße gesucht, im Park und in einem Treppenhaus. Auf dem Speicher war ich auch. Da war es dreckig, und ich hab fast weinen müssen.
Aber dann ist der Deckel von einer Kiste hochgegangen, und da war ein Häschen.
Und das Häschen hat mir zugelächelt."

So und anders

Das böse Kind

Tib hatte alles, was ein Junge braucht. Er hatte Eltern, er hatte Freunde, ein eigenes Zimmer hatte er, Spielzeug und sogar einen Hund.
Und trotzdem hatte Tib seiner Mutter zwei Mark aus der Tasche genommen. Er hatte Bubblegum dafür gekauft. Oder Rahmkaramellen. Ach, er wußte es selber nicht mehr.
Seine Mutter hatte es nicht gemerkt. Sie merkte nie irgend etwas, das Tib betraf.
„Na du?" sagte sie und tätschelte ihm die Wange.
Und sein Vater nicht anders. Sie hatten ein Geschäft. Sie mußten sich um ihr Geschäft kümmern.
„Tib ist ein liebes Kind", hatte der Vater mal zu einem Kunden gesagt. „Mit Tib gibt es keine Schwierigkeiten."
Sie guckten ihn nicht mal richtig an. Höchstens so mal eben, mit einem leichten Blick.
Wenn seine Mutter gemerkt hätte, daß er ihr Geld geklaut hatte, hätte sie ihn bei den Schultern genommen. Vielleicht wäre sie böse geworden. Nicht, daß Tib sich das gewünscht hätte. Nein, das nicht. Eigentlich konnte er froh sein, daß sie es nicht gemerkt hatte.
Als Tib sein Taschengeld kriegte, steckte er die zwei Mark wieder in die Geldbörse seiner Mutter zurück. Die Geldbörse wurde ganz dick davon, weil Tib nur Groschen hatte.
Am Abend sah er, wie sie die Tasche öffnete. Jetzt würde sie es doch noch merken. Sie würde merken, daß etwas anders war.
Tib war kein liebes Kind.
„Ich habe es genommen", würde er sagen. „Aber ich bin kein Dieb, und darum habe ich es wieder zurückgegeben."
Tib schaute seine Mutter an.
„Hab ich viele Groschen!" sagte sie und lachte.
Und sie nahm eine Handvoll und schenkte sie ihm.

Das reiche Kind

Der Kasimir kriegte so ziemlich alles, was er wollte.
„Ich will einen ferngesteuerten Hubschrauber", sagte der Kasimir.
Der Vater kaufte dem Kasimir einen ferngesteuerten Hubschrauber.
„Ich will eine gestreifte Trommel", sagte der Kasimir wenig später.
Die Mutter kaufte dem Kasimir eine gestreifte Trommel.
„Ich will ein U-Boot mit Funk", sagte der Kasimir nach einer Woche.
Der Vater kaufte dem Kasimir ein U-Boot mit Funk.
„Ich will ein Polizeiauto", sagte der Kasimir.
Die Mutter kaufte dem Kasimir ein Polizeiauto.
„Ich will eine blaue Tankstelle", sagte der Kasimir.
Der Vater seufzte und kaufte dem Kasimir eine blaue Tankstelle.
„Ich will ein Indianerzelt", sagte der Kasimir.
Die Mutter seufzte auch und kaufte dem Kasimir ein Indianerzelt. Doch dann wollte der Kasimir wieder was. Und damit fingen die Schwierigkeiten an.

„Ich will einen Plüschbär, der ‚miau‘ sagt“, sagte der Kasimir.
„Den gibt es nicht“, sagte der Vater gleich.
Weil aber Kasimir darauf bestand, liefen die Eltern in der Stadt herum und suchten nach einem Plüschbären, der ‚miau‘ sagt.
„Es gibt keinen Plüschbären, der ‚miau‘ sagt“, sagte die Mutter.
Der Kasimir jedoch wollte nichts auf der Welt als nur diesen Bären. Da fuhren die Eltern in die Nachbarstädte. Aber sie kamen mit leeren Händen zurück.
„Es gibt keinen Plüschbären, der ‚miau‘ sagt“, sagten sie. „Spiel mit etwas anderem. Du hast doch so vieles.“
Der Kasimir war lange still. Dann nahm er den ferngesteuerten Hubschrauber und warf ihn zum Fenster hinaus. Er warf die gestreifte Trommel zum Fenster hinaus, das U-Boot, das Polizeiauto, die Tankstelle und das Indianzerzelt.
Und als er das getan hatte, setzte er sich auf den Boden und weinte.

Das arme Kind

„Meine Schuhe sind kaputt“, sagte Marek.
„Ich weiß“, sagte die Mutter.
Die Mutter war eben erst heimgekommen.
„Was gibt's zu essen?“ fragte Marek.
„Milchsuppe“, sagte die Mutter. „Du magst doch Milchsuppe?“ sagte sie.
Marek nickte.
„Kann ich dann noch zu Schindlers gehen?“ fragte er. „Fernsehen?“
„Ja“, sagte die Mutter.
Sie pustete sich die Haare aus dem Gesicht und knipste den Elektroherd an. Marek nahm die Illustrierte vom Sofa und blätterte darin.
„Warum haben wir weniger Geld als die anderen?“ fragte er.
„Weil ich nicht viel verdiene“, sagte die Mutter. „Das weißt du doch.“
„Väter verdienen mehr als Mütter“, sagte Marek. „Nicht wahr?“ sagte er.
„Ja“, sagte die Mutter. „Meistens“, sagte sie.
Sie gab die Haferflocken in die Milch und rührte.
„Wenn ich einen Vater hätte“, sagte Marek.
„Du hast einen Vater“, sagte die Mutter.
„Ja“, sagte Marek. „Aber wenn wir zusammenlebten, hätten wir ein Auto. Vielleicht“, sagte er. „In meiner Klasse haben fast alle Anoraks“, sagte er.
„Mal sehen“, sagte die Mutter.
Sie stellte die Suppe auf den Tisch. Die Suppe war süß und warm und gut.
„Wollen wir das Würfelspiel machen?“ fragte Marek.
Beim Würfeln gab's immer was zu lachen. Marek gewann.
„Später werden wir ein Auto haben“, sagte die Mutter.
„Ja“, sagte Marek. „Wenn ich groß bin. Hörst du, es regnet“, sagte er.
„Schön“, sagte die Mutter.
„Ja“, sagte Marek. „Darf ich noch ein bißchen zu dir ins Bett?“ fragte er dann.

Als sie nebeneinander lagen, war der Regen noch besser zu hören.
„Frauen müßten genauso viel verdienen wie Männer", sagte Marek.
„Ja", sagte die Mutter. „Dann würde ich weniger arbeiten", sagte sie.
„Damit wir mehr zusammensein könnten", sagte Marek. „Man müßte es ändern", sagte er. „Kann man es ändern?"
„Ja", sagte die Mutter.
„Später", sagte Marek.
Es würde viel zu tun sein später. Beim Einschlafen dachte er noch, daß sie den Regen nicht hören könnten, wenn sie einen Fernseher hätten. Und daß er sehr glücklich war.

Das kranke Kind

„Das Kind ist krank", sagten die Eltern.
Alina hatte kein Bauchweh und keine Zahnschmerzen. Aber sie war trotzdem blaß und hatte dunkle Ränder unter den Augen.
„Das Kind schläft schlecht", sagten die Eltern. „Es wacht aus bösen Träumen auf und schreit. Das Kind sagt, daß ein Tier im Wandschrank sitzt. Im Wandschrank, unter dem Bett und hinter den Vorhängen am Abend."
Der Doktor verschrieb einen Saft für Alina. Aber die Tiere waren trotzdem da, und nichts änderte sich.
„Nun schau doch selber nach", sagten die Eltern. „Niemand ist im Schrank. Unter dem Bett ist keiner, und hinter dem Vorhang auch nicht."
Sie kauften eine Spieldose für Alina. Sie kauften ihr einen rosa Teddybär und Bücher mit schönen Bildern.
Die Tiere waren schwarz und haarig. Das im Wandschrank hatte sechs Tatzen.
„Du bist doch unser großes Mädchen", sagten die Eltern.
Und dann gingen sie aus dem Zimmer, und Alina sah, wie es sich hinter dem Vorhang bewegte. Sie blieb nun nicht mehr allein in der Wohnung.

Als die Eltern an einem Abend fort mußten, holten sie die Oma. Die Oma war sehr alt.
„Bringst du mir ein Handtuch aus dem Wandschrank?“ fragte sie Alina.
Da mußte Alina es ihr erzählen. Die Oma sagte nicht, daß Alina sich das alles einbilde. Sie nahm ihren Krückstock und riß die Tür zum Wandschrank auf. Dann schlug sie zu.
„Da!“ schrie sie. „Du Mistvieh! Da!“
Sie schlug das Tier im Wandschrank tot und das hinter dem Vorhang auch. Und bei dem letzten Ungeheuer unter dem Bett holte Alina den Teppichklopfer und half mit.

Das gesunde Kind

Als die Eltern verreisen mußten, brachten sie Kressi zu Tante Johanna. Tante Johanna war jung – fast noch ein Mädchen.
„Kressi ist ein zartes Kind“, sagte die Mutter. „Du mußt gut auf sie aufpassen.“
Tante Johanna pustete auf ihre frisch lackierten Fingernägel und nickte.
„Hier ist der Lebertran“, sagte die Mutter. „Und die Vitamintabletten. Kressi geht früh ins Bett und steht früh auf. Gib ihr eine Wärmeflasche.“
Tante Johanna blickte Kressi an.
„Wenig Süßigkeiten“, sagte der Vater. „Keine scharfen Gewürze.“
„Und dann ist sie empfindlich gegen Zugluft, Aufregung, Anstrengung und Katzenhaare“, sagte die Mutter noch.
Am ersten Abend schauten Tante Johanna und Kressi Fernsehen und knabberten Bonbons. Als Kressi um elf in ihrem Sessel einschlief, trug Tante Johanna sie ins Bett. Und weil sie keine Wärmeflasche hatte, legte sie ihr die Katze auf den Bauch.
„Geht es dir gut?“ fragte Tante Johanna am nächsten Morgen um zehn am Frühstückstisch. Tante Johanna hatte Urlaub.
Sie aßen Gulaschsuppe und Eier mit Senf.
Kressi war es nie besser gegangen.

Es folgte eine fröhliche Zeit. Sie gingen in den Zoo und zum Freistilringen. Sie fuhren Fahrrad, daß ihnen der Wind nur so um die Ohren sauste. Die Vitamintabletten verfütterten sie im Park an die Goldfische. Sie gingen in einen Abenteuerfilm, kauften ein Pfund Lakritze und hörten Musik. Sie schliefen, wenn sie müde waren und aßen, was ihnen schmeckte.

„Was machen wir damit?" fragte Kressi, einen Tag bevor ihre Eltern sie wieder abholten.

Die Lebertranflasche war noch voll.

„Vielleicht kann ich sie als Möbelpolitur benutzen", sagte Tante Johanna. „Ich hab sicher nicht alles richtig gemacht mit dir", sagte sie und schaute Kressi an. „Aber ich glaube, du bist ein sehr gesundes Kind."

Leute

Kaline

Die Kaline war als Kind so eine spinnebeinige Person, die nie lang auf einem Fleck blieb. In der Schule lernte sie nicht viel, denn sie war nicht für ernsthafte Gedanken geschaffen. Sie lachte, ohne daß es einen Grund gab. Und die anderen steckte sie damit an.
Als sie ein wenig später den Pikok traf, stand gleich alles fest: Sie ging mit ihm, obschon er ein Trinker war und ein Schläger und ein Kartenspieler dazu.
Da hat die Kaline dann immer weniger gelacht. Sie hat arbeiten müssen, um ihr Söhnchen zu versorgen.
Ihr Söhnchen ist ihr trotzdem gestorben, und der Pikok ist immer seltener gekommen. Einmal ist er dann ganz weggeblieben. Es mag schon sein, daß er in den Fluß gefallen ist.
Die Kaline hat angefangen, herumzuziehen. Und was sie gefunden hat an Trödelkram, das hat sie in einem alten Kinderwagen mitgenommen und hat es verkauft. Sie hat in einem Gartenhäuschen gewohnt, ganz aus Holz. Es hat ihr gefallen.
Eines Tages hat ihr einer eine Gans geschenkt, als Weihnachtsbraten. Die Kaline hat aber die Gans in ihrem Kinderwagen spazierengefahren und hat sie gern gehabt. So ist sie eine stadtbekannte Persönlichkeit geworden – die alte Frau mit der Gans.
Und als die Gans, die ein Gänserich war, an Verfettung starb, da hat die Kaline sich eine neue Gans gekauft. Die ist ihr dann weggeflogen, weil sie noch jung und dumm gewesen ist.
Aber ein Herr hat der Kaline die Gans wieder eingefangen. Und die Kaline hat gelacht wie damals, als sie ein Kind war.
In der folgenden Nacht ist ihr Häuschen abgebrannt. Und die Kaline, die im Krankenhaus aufgewacht ist, hat nicht mehr lachen mögen.

Fritz

Das ganze Leben lang ist der Fritz der kleine Bruder von seinem großen Bruder gewesen. Als Kind hat er die Spiele gespielt, die sein großer Bruder mochte.
Er hat den Beruf gelernt, den sein großer Bruder für ihn ausgesucht hat und ist ein Buchhalter geworden.
Er hat das Mädchen, das er liebte, nicht geheiratet, weil es seinem Bruder nicht gefiel. Und weil der große Bruder auch nicht geheiratet hat, haben sie zusammen gewohnt.
Der Fritz hat die Leibgerichte seines großen Bruders gekocht. Und sonntags ist er nicht an den Fluß gegangen, obschon er das gern wollte.
Er ist mit seinem großen Bruder im Park herumspaziert.
Er hat die Tabletten genommen und die Radiosendungen gehört, die sein großer Bruder für ihn ausgesucht hat.
So ist er langsam ein älterer Mann geworden.
Eines Tages ist der große Bruder gestorben. Da ist der Fritz an den Fluß gegangen.

Er ist einer Frau begegnet, die eine Gans in einem Kinderwagen spazierenfuhr. Und weil ihr die Gans plötzlich weggeflattert ist, hat der Fritz sie eingefangen. Richtig übermütig hat er sich gefühlt.
Aber dem großen Bruder wäre das sicher nicht recht gewesen. Der Fritz ist nie mehr an den Fluß gegangen. Er hat wieder so gelebt, als ob sein großer Bruder noch bei ihm wäre. Nur, daß er jetzt sonntags ungarische Salami gegessen hat.
Aber dabei hatte er ein schlechtes Gewissen.

Dorothea

Als der Fritz ihr damals gesagt hat, daß sie sich trennen müssen, da war der Dorothea zumute, als werde sie nun für immer einsam sein. Sie ist in der Stadt herumgegangen, und ihre Augen waren wie blind von Tränen.

Am Kaufhauseck hat sie aber dann eine kleine, verlassene Katze gefunden. Da hat die Dorothea aufgehört zu weinen. Sie ist von nun an jeden Tag zum Fleischer gegangen, um Leber für die Katze zu kaufen.
Der Fleischer war ein netter, junger Bursche, und nach einem Jahr ist die Dorothea seine Frau geworden.
Damals hat sie zum erstenmal gedacht, daß man wohl etwas hergeben muß, um etwas Neues geschenkt zu bekommen.
Im Herbst hat die Katze Junge gekriegt. Es waren sieben Stück. Und im folgenden Frühjahr kam Dorotheas erster Sohn zur Welt.
Fünf Kinder hat die Dorothea geboren, und in der Wohnung war es immer zu eng. Aber fröhlich ist es zugegangen. An den Sonntagen haben die Kinder ihre Spielkameraden mitgebracht und der Mann seine Freunde. Dann hat Dorothea Kuchen gebacken, und die Katzen kriegten auch was ab.
Als die Kinder groß geworden sind, haben sie fortgewollt. Dorothea hat sie gehen lassen. Sie hat nicht gesagt, daß sie traurig war.
Um die Zeit fingen die Nachbarinnen an, auf Besuch zu kommen. Sie streichelten die Katzen, die die Urenkel der Katze von damals waren. Und der taube Anatol aus der Kellerwohnung saß am Ofen und lächelte vor sich hin.
Zeit ist vergangen, und immer war es eng und fröhlich in Dorotheas Wohnung, und nie ist sie einsam gewesen.
Und wenn eines ihrer zwölf Enkelkinder weint, weil es etwas verloren hat, den Teddybär oder die Puppe, dann lächelt Dorothea.
„Das macht nichts“, sagt sie. „Du wirst etwas anderes dafür finden.“
Und so ist es jedesmal.

Anatol

Der Anatol ist nicht immer taub gewesen. Als er ein Kind war, hat er sogar ganz besonders gut gehört. Er hat gehört, wie die Mäuse im Stadtgarten unter dem Gras ihre Gänge gruben. Er hat Musik im Wind gehört, und den Schnee, der auf das Dach der Baracke fiel, in der er mit seinen Eltern wohnte.

Nur wenn seine Mutter nach ihm rief, hörte der Anatol sie nie. Vielleicht war er mehr für die leisen Töne geschaffen?

„Du solltest etwas Vernünftiges tun", sagte seine Mutter. „Lern was, damit du später Geld verdienst."

Damals hatte der Anatol schon dieses Lächeln, das er auch heute noch hat. Er lächelte und blieb, wie er war.

Als er vierzehn wurde, ging er in einer Nacht leise von zu Hause fort. Er ging in fremde Städte und in fremde Länder, tat dies und das und spielte den Leuten Lieder auf seiner Flöte vor, die er irgendwann irgendwo gefunden hatte. Die Leute mochten Anatol.

Aber, wenn er länger blieb, sagten sie: „Du solltest was Vernünftiges tun. Damit du Geld verdienst."

Dann zog der Anatol weiter, leise, in der Nacht.

Einmal hat ihn einer festhalten wollen. Der hieß Bruno Friedensreich und war ein guter Freund. Aber auch dem ist es nicht gelungen.

Anatol liebte ein Mädchen, und das Mädchen wurde seine Frau. Er erzählte ihr Geschichten, und sie lauschten zusammen dem Regen und träumten, daß ihr Haus auf dem Meer schwimme und eine Insel sei.

Doch eines Tages war Anatols Frau vom Träumen satt.

„Du solltest was Vernünftiges tun", sagte sie. „Damit du Geld verdienst."

Da ging Anatol nicht weg, weil er sie liebte. Aber damals begann sein Gehör nachzulassen. Und nicht viel später war er gänzlich taub.

Bruno.

Der Bruno Friedensreich hatte die besten Anlagen. Das sagten schon seine Lehrer, als er noch ein Kind war. Und er hat dann auch was daraus gemacht.

Mit fünfzehn war der Bruno Anführer einer Pfadfindergruppe. Mit

neunzehn bestand er sein Abitur mit ‚sehr gut‘. Mit zwanzig arbeitete er tagsüber in einem Büro. Abends bügelte er seine Anzüge selber und lernte eine dritte Fremdsprache.
Er rauchte nicht und ging nicht ins Kino. Mit seinem ersparten Geld kaufte er Bücher, aus denen er erfuhr, was er noch nicht wußte.
Manchmal aber blickte der Bruno Friedensreich von den bedruckten Seiten hoch und verspürte eine Sehnsucht, die er nicht verstand. Eine Weile schaute er so, rundäugig und fragend wie ein junger Uhu. Dann vergaß er es wieder.
Mit fünfundzwanzig war Bruno der Direktor seiner Firma. Er heiratete nach langer Überlegung seine beste Sekretärin, und sie lebten in Frieden. Bruno baute ein Haus, er kaufte sich ein großes, graues Auto und wurde in den Stadtrat gewählt. Seine Frau gebar ihm zwei Kinder, einen Buben und ein Mädchen.
Die Tage verliefen in schöner Gleichmäßigkeit. Um acht stand Bruno Friedensreich auf, frühstückte und fuhr ins Büro. Um eins kam er zum Mittagessen. Dann arbeitete er bis sieben. Von sieben bis halb acht machte er einen Spaziergang. Er begann nämlich, etwas schwergewichtig zu werden.
Nie passierte etwas Außergewöhnliches. Bis auf ein einziges Mal. Das war, als Bruno Friedensreich einen Vagabunden mit nach Hause brachte, der Anatol hieß. Zu diesem Anatol faßte er eine rätselhafte Zuneigung, und am liebsten hätte er ihn gar nicht mehr gehen lassen.
Aber Anatol verschwand in einer Nacht. Bruno sprach nie mehr von ihm.
Manchmal, ganz selten, schaut er mitten in einer Konferenz hoch, rundäugig und fragend. Dann warten die anderen, bis es vorüber ist.

Ich und du – du und ich

Migi und Opa

Der Migi hat keine Eltern mehr. Er wohnt bei seinem Opa. Viel Geld hat der Opa nicht. Darum kriegt der Migi auch kein Fahrrad. Die anderen wollen in den Ferien Radtouren machen.
Der Migi und der Opa nehmen sich am Samstag ihr Taschengeld. Der Opa für Zigarillos, und der Migi für was er will. Aber viel ist es nicht.
„'n Abend", sagt der Migi.
Der Opa nickt. Er brät Weißbrotstücke in Fett aus. Die gibt er dann in die Würfelsuppe. Migi bringt den Mäusen Körner und frisches Wasser. Der Opa hat die Zeitung extra für Migi so hingelegt. Die Fußballergebnisse obenauf.
„Mensch!" sagt der Migi. „Die haben schon wieder verloren", sagt er.
Beim Essen teilen sie sich die Zeitung.
„Bist du beim Pferderennen gewesen?" fragt der Migi.
Der Opa nickt.
„Hast du gesetzt?"
„Ich schau mir das nur an", sagt der Opa.
Eines Tages wird er setzen. Das wissen sie beide.
Sie essen, stehen auf und spülen schweigend die Teller ab. Dann holen sie das Spiel und spielen zwei Runden. Der Opa gewinnt sie beide.
„Ist heut was?" fragt der Migi.
„Im Zweiten", sagt der Opa.
Migi stellt den Fernseher an. Dann rückt er die Sessel zurecht.
„Wenn's warm ist, gehen wir abends wieder an den Fluß", sagt der Migi.
„Ja?"
„Klar", sagt der Opa.
Sie werden am Fluß stehen und ins Wasser starren, bis sie glauben, daß sie Schiffe sind.
Migi kuschelt sich in den Sessel. Es ist ein Abenteuerfilm. Zum Schluß reitet der Held davon, wird immer kleiner. Und nachdem der Opa ausgeschaltet hat, sieht der Migi ihn noch kleiner werden.
Ins Bett geschickt wird der Migi nicht. Der Opa sagt, daß ein Mensch selber wissen muß, wann er müde ist. Und als der Migi dann müde ist,

da steht auf dem Hocker zwischen den Betten eine Blechdose mit einem Schlitz drin. ‚Fahrrad' hat der Opa oben drauf geschrieben. Und die Dose ist wahrhaftig schon schwer.

Migi und Jannika

Migi läßt den Rollstuhl mit der Jannika den Bürgersteig runter.
„Hoppla!" sagt er.
Die Jannika ist sechs. Kein Mensch weiß, ob sie je wieder wird laufen können.
„Links rum!" sagt die Jannika.
„Wir gehen doch in den Park", sagt der Migi.
„Ne!" sagt die Jannika. „Auf den Fußballplatz!"
„Aber da ist nichts los", sagt der Migi. „Heut nicht."
„Trotzdem", sagt die Jannika. „Bitte", sagt sie.
Der Migi schiebt los.
„Gestern", sagt die Jannika, „hat es geklopft."
„Und?" sagt Migi.
„Es war ein Krokodil", sagt die Jannika.
Migi seufzt.
„Es wollte die Beine von meinem Bett fressen", sagt die Jannika.
„Und?" fragt der Migi.
Er kann nicht umhin, sich nun doch für die Geschichte zu interessieren.
„Ich hab ihm eine Ohrfeige gegeben", sagt die Jannika.
Migi lacht. Man könnte sich das vorstellen.
„Endstation", sagt er.
Der Fußballplatz ist leer bis auf zwei Jungen.
„Wer sind die?" fragt die Jannika.
„Die sind aus meiner Klasse", sagt der Migi. „Der Meier Jochen und der Dieter."
„Die machen was", sagte die Jannika. „Geh nachschauen", sagt sie.

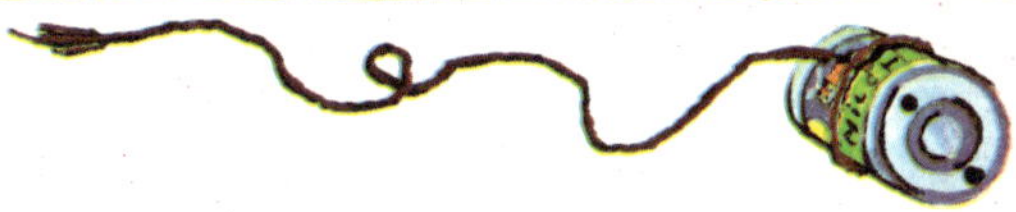

Der Migi seufzt und geht. Als er kommt, lassen sie die Katze los. Sie hatten ihr eine Milchdose an den Schwanz binden wollen.
„Ihr seid gemein!“ schreit die Jannika, die die Zusammenhänge erkannt hat.
„Warum macht ihr denn sowas?“ sagt der Migi.
Der Dieter grinst und geht weg. Der Meier Jochen geht nicht.
„Darum!“ schreit er, und wirft dem Migi die Milchdose gegen's Bein.
„Hau ihn!“ schreit die Jannika. „Zeig's ihm! Los!“
So ein kleines Mädchen, und der Migi packt sich wahrhaftig den Meier Jochen.
„Katzenquäler!“ schreit die Jannika.

Der Migi legt den Meier Jochen auf den Rücken. Dann läßt er ihn. Als er zur Jannika zurückkommt, schnauft er ein bißchen. Dann sehen sie sich an und lachen.

Migi und die Frau Schneewittchen

Das Mädchen mit den langen Wimpern setzt sich an die zweite Kasse im Supermarkt.
„Komm hierher", sagt sie zu Migi. „Hier geht's schneller."
Aber Migi schüttelt den Kopf. Er will zu Frau Schneewittchen. Auch wenn da noch jemand vor ihm ist, und er lange warten muß.
In Wirklichkeit heißt die Frau natürlich anders. Aber Migi will gar nicht wissen, wie. Er will überhaupt nichts von ihr wissen.
Er will bei ihr bezahlen. Und sie werden sich anschauen und ein bißchen lachen, wie immer.
Die Frau Schneewittchen hat schwarze Haare, nicht lang und nicht kurz und auch nicht immer wohlfrisiert. Sie hat Hände mit kurzen, unlakkierten Fingernägeln und zwei runde Brüste unter dem Pullover.
Sie hat Migi noch nie etwas gefragt, keine von diesen doofen Fragen, die die anderen Erwachsenen stellen. Sie hat ihm auch noch nie ein Bonbon geschenkt, und das ist auch richtig so.
Migi schiebt seinen Einkaufswagen vor. Die Frau Schneewittchen hat ein Fahrrad. Migi hat sie einmal ankommen sehen. Wenn er sein Fahrrad kriegt, könnten sie miteinander eine Radtour machen. Er wird sie fragen. Später.
Jetzt rechnet sie die Preise zusammen.
„Fünfundzwanzig Mark und zehn", sagt sie.
Sie schaut ihn mit ihren braunen Augen an. Für den Migi ist ihr Blick wie der Abend von einem Sommertag, wenn man von draußen heimkommt, voll von Sonne und müde, und alles ist in Ordnung.
Er versucht, beide Kartoffeltüten mit einer Hand zu nehmen. Natürlich fallen sie hin. Die Frau Schneewittchen lacht ihm zu. Migi fühlt sich prima. Und, mit der Radtour, das eilt überhaupt nicht.

Migi und Onkel Kurt

Als der Opa ins Krankenhaus muß, wohnt der Migi bei Onkel Kurt und Tante Jenni.
„Hier herrscht Ordnung", sagt der Onkel Kurt gleich zur Begrüßung. „Wenn du dich daran hältst, werden wir gut miteinander auskommen."
Es klingt wie eine Drohung. Migi schaut seine Tante an.
„Um zehn nach eins gibt es Mittagessen", sagt sie.
Der Migi kommt um halb zwei. In der Tierhandlung hatten sie japanische Tanzmäuse im Fenster.
„Wenn man zu spät kommt, entschuldigt man sich", sagt Onkel Kurt.
Migi versteht nicht, was der Onkel davon hat.
„Es tut mir leid", sagt er.
Es tut ihm aber nicht leid, und der Onkel Kurt ist schuld, daß der Migi nun lügt.
Als er eben den Löffel in die Suppe tauchen will, ist schon wieder was.
„Räum deine Schultasche fort!" sagt der Onkel Kurt.
„Gleich", sagt der Migi.
Aber dann muß er es doch sofort tun. Als er sich bückt, um die Tasche aufzuheben, ist es, als ob ihn eine riesige Hand gewaltsam niederdrückt.
Migi hat keinen Hunger mehr. Er will gehen.
„Du setzt dich an den Tisch", sagt Onkel Kurt.
„Wenn ich aber nichts essen mag", sagt der Migi.
„Dann setzt du dich trotzdem hin, bis wir fertig sind."
„Ja", sagt die Tante Jenni.
Der Migi spürt, daß ihn seine Beine nicht zum Tisch tragen wollen. Aber was kann er schon tun?
„Es ist kein Wunder, daß du dich schlecht benimmst", sagt Onkel Kurt. „Der Opa ist zu alt, um ein Kind zu erziehen."
„Überhaupt nicht!" sagt der Migi.
Und dann erfährt er, daß er nur zu reden hat, wenn er gefragt wird.
Ein paar Tage geht das so. Der äußere Migi tut, was der Onkel Kurt sagt. Der innere Migi aber schreit und tobt, bis er schließlich nur noch weint.

„Kommst du klar mit dem Onkel Kurt?“ fragt der Opa, als Migi ihn besucht.
Migi nickt.
„Werd wieder gesund“, sagt er. „Mach schnell!“

Migi und Janos

Der Migi und der Janos sitzen auf dem Rand des neuen Brunnens. Sie schauen den Leuten zu, die vorübergehen und baumeln mit den Beinen.
„Und wo warst du gestern?“ fragt der Janos.
„Auf dem Mond“, sagt der Migi.
„Affe“, sagt der Janos, „dämlicher.“
Der Migi grinst.
„Wichtel“, sagt er.
Der Janos ist nämlich klein für sein Alter.
„Reinrassiger Naturtrottel“, sagt der Janos.
„Zu groß geratener Gartenzwerg“, sagt der Migi.

„Bäh!“ sagt der Janos und streckt die Zunge raus.
„Hast wohl Gehirnbronchitis“, sagt der Migi.
„Und dich hat der tollwütige Regenwurm gebissen“, sagt der Janos.
„Blödmann!“ sagt der Janos.
Ein Mann bleibt stehen und schaut sie über seine Brille hinweg an. Migi und Janos warten bis er weitergeht.
„Bist wohl als Kleinkind gegen ’nen Baum gerannt?“ sagt der Migi.
„Und du hast Hühneraugen auf den Gehirnzellen“, sagt der Janos.
„Vom Specht behämmert!“ sagt der Migi.
„In den Verstand geregnet“, sagt der Janos.
„Du Schnauze mit Beinen!“ sagt der Migi.
„Du Arsch mit Ohren!“ sagt der Janos.
Jetzt ist eine Frau stehengeblieben.
„Könnt ihr euch denn nicht vertragen?“ sagt sie. „Ich beobachte euch schon die ganze Zeit. Es wäre viel schöner, wenn ihr Freunde wäret.“
„Wir sind doch Freunde“, sagt der Migi.
Der Janos bricht einen Kaugummi durch und gibt dem Migi die Hälfte ab.
„Stinkwanze!“ sagt er.
„Ohrfeigengesicht!“ sagt der Migi.
Und dann kauen sie.

Wir sind vier

„Jetzt dürfen wir bestimmt nie mehr im Hof spielen“, sagte Mali.
„Bloß wegen der doofen Kuh!“ sagte Ante. „Die anderen haben ja nichts gegen uns.“
„Heut waren wir auch nicht lauter als sonst“, sagte Florian. „Aber die Frau Marten fühlte sich gestört.“
„Die Frau Marten – müßt man schlachten“, sagte Susanne und spuckte einen Grashalm aus.
Sie saßen im Park am Teich und warfen den Enten Steinchen ins Wasser. Aber die Enten fielen nicht mehr darauf herein. Ante legte sich auf den Rücken und starrte zum Himmel empor.
„Ich möchte ein Adler sein“, sagte er. „Ich packte mir die Frau Marten mit den Klauen und trüge sie weg.“
„Aber möglichst weit weg, wenn ich bitten darf“, sagte Susanne.
„Da wär ich schon lieber ein Löwe“, sagte Mali. „Ich würd sie fressen. Happ – wär sie verschwunden!“
„An der würdest du dir aber den Magen verderben“, sagte Florian. „Ein Stinktier müßte man sein. Und bei ihr im Schrank wohnen. Da würd sie ausziehen!“
„Hier wächst Sauerampfer“, sagt Mali.
Sie zupfte das Blatt ab und steckte es in den Mund.
„Mensch!“ sagte Susanne. „Wer weiß, wer da hingepinkelt hat!“
Mali spuckte das Blatt wieder aus.
„Ich werd mich in einen Elefanten verwandeln“, sagte Susanne. „Wenn sie dann so ihren Abendspaziergang macht, lege ich ihr von hinten ganz freundlich den Rüssel um den Hals.“
„Hi!“ schrie Mali.
„Na ja“, sagte Florian.
Er zog seinen linken Schuh aus, kippte ihn um, daß der Stein herausfallen konnte, und zog ihn wieder an.
„Nach meinem Hunger zu urteilen, ist es mindestens fünf Uhr“, sagte Ante.

„Gehn wir heim", sagte Florian. „Herr Adler, Frau Löwe und Frau Elefant. Ist doch alles Kacke!" sagte er.
„Wir sprechen mit ihr", sagte Susanne. „Darüber, wann sie schlafen will, und wann wir spielen können."
„Mit der?" sagte Mali. „Die macht uns doch fertig."
Ante nickte.
„Wieso?" sagte Susanne. „Man kann mit jedem sprechen."
„Klar", sagte Florian. „Wir werden doch nicht Angst vor einer einzigen Frau haben. Wir sind vier."

Platz für alle

„Auf unserer Bank sitzt einer", sagte Ante.
Ausgerechnet hinter dieser Parkbank hatten sie ihre Löcher zum Murmelspielen.
„U" sagte Susanne. „Ist doch Platz genug für alle."
„Wißt ihr, wer das ist?" sagte Mali. „Der, der da sitzt?"
„Der blaue Hein", sagte Florian.
„Der Knastbruder?" fragte Ante. „Da geh ich nicht hin!"
„Warum nicht?' sagte Florian.
„So'n Typ!" sagte Ante. „Arbeitet nicht und säuft."
„Wird dich schon nicht fressen", sagte Florian.
„Wo sollte der auch arbeiten?" sagte Susanne. „Den will doch keiner."
„Weil er irgendwas gemacht hat", sagte Mali. „Geklaut oder so."
„Dafür ist er doch bestraft worden", sagte Florian. „Das ist längst vorbei."
Ante fielen die Bonbons ein. Das war schon lange her. Aber er hatte mal im Supermarkt Bonbons geklaut.
„Jeder macht mal was", sagte er.
„Na ja", sagte Mali. „Aber wie der rumläuft!"
„Dem ist alles egal", sagte Florian. „Wenn ihn doch keiner ansieht."
„Glaubst du, daß er traurig ist?" fragte Mali.

„Geld hat er nicht“, sagte Susanne.
„Ja, und was macht er dann?“ fragte Mali.
Florian zuckte die Achseln.
„Irgendwann wird er vielleicht wieder kriminell werden. Er klaut was, oder so. Und dann stecken sie ihn wieder ins Gefängnis.“
„Ja, aber...“ sagte Ante.
„Was können wir da schon tun?“ fragte Susanne.
Florian steckte die Hand in die Jackentasche. Die Murmeln fühlten sich glatt und warm an.
„Kommt“, sagte er. „Wir wollen spielen.“
„Wo?“ fragte Ante.
„Hinter unserer Bank“, sagte Florian. „Hinter der Bank, auf der der blaue Hein sitzt. Vielleicht macht's ihm Spaß, uns zuzusehen.“
„Ja“, sagte Mali. „Vielleicht sprechen wir ein bißchen miteinander.“

Ein verdammter Flegel

Der Ball sprang genau vor dem Mann auf und tippte ihm dann leicht gegen das Knie.
„Verdammter Flegel!“ sagte der Mann, der wie ein Herr aussah.
„Wer war das?“ sagte er.
Sie blickten ihn an. Sie waren vier.
„Entschuldigen Sie bitte“, sagte Ante. „Es tut mir leid.“
Es tat ihm überhaupt nicht leid, und außerdem war er es nicht gewesen. Aber er wollte die Sache hinter sich bringen. „Na schön“, sagte der Mann und wischte an seinem Mantel rum. „Du weißt wenigstens noch, was sich gehört“, sagte er. „Wie heißt du denn?“
„Pimpernello“, sagte Ante.
Der Mann stutzte.
„Ihr seid wohl Freunde?‘ fragte er dann.
„Ja“, sagte Susanne.
„Wenn der'n Hund wär“, flüsterte Florian Mali zu, „dann wär er'n Pekinese.“
Mali fing an zu lachen.
Der Mann schaute irritiert zu ihr hin.
„Die ist blöd“, sagte Ante.
Der Mann schien nicht zu verstehen.
„Plemplem“, sagte Ante und machte mit der Hand kreisende Bewegungen vor seiner Stirn.
Man konnte sehen, daß der Mann erschrak. Aber weggehen wollte er auch nicht.
„Habt ihr denn schon eure Schulaufgaben gemacht?“ fragte er.
„Die macht meine Oma“, sagte Ante. „Die hat mehr Zeit.“
„Wie willst du aber dann etwas lernen?“ Der Mann war entrüstet.
„Pipi...“
„Pimpernello“, half ihm Ante.
„In welche Schule geht ihr denn?“
„In die Baumschule“, sagte Florian.
 „Zum Lehrer Ast“, erklärte Susanne.

Sie machte einen leichten Knicks. Vielleicht hatte der Mann nicht richtig hingehört. Jedenfalls hatte er noch nicht genug.
„Und was willst du werden?“ fragte er Ante.
„Grashüpferdompteur“, sagte Ante, „Schattenjäger, Liederfänger, Fürzesammler!“
Er trat den Ball hoch über den Kopf des Mannes davon. „Juchhu!“ schrie er und rannte hinterher.
„Flegel!“ sagte der Mann. „Du bist ein verdammter Flegel! Ich habe es ja gleich gewußt!“

Einen Baum pflanzen

Mali machte in der hintersten Ecke vom Hof rum. Da, wo nur Dreck war. Ante saß auf einem Grasbüschel und schaute zu.
Florian und Susanne gingen auch hin.
„Was machst'n da?“ fragte Florian.
„Ich pflanze einen Baum“, sagte Mali.
„Der ist aber klein“, sagte Susanne.
Mali schwieg. Sie grub ein Loch. Sie warf die Erde auf einen Haufen und suchte die Steine heraus. Einmal war ein Regenwurm dazwischen. Den legte sie extra.
„Wo haste den Baum denn her?“ fragte Florian.
Mali schob alle Steine zusammen.
„Der war im Park auf dem Komposthaufen“, sagte der Ante.
Florian und Susanne setzten sich neben ihn. Das Loch war jetzt so groß wie eine Faust, und die Erde war gelblich und trocken. Mali grub weiter. Sie stieß auf ein verrostetes Blechstück und brauchte ihre ganze Kraft, um es herauszuholen. Tiefer unten war die Erde dunkler.
Mali nahm das Bäumchen und senkte es in das Loch. Die anderen schauten zu. Keiner sagte was. Mali hielt das Bäumchen mit der linken Hand fest. Mit der rechten Hand krümelte sie von der dunklen Erde rings um seine Wurzeln, in das Loch hinein. Dann ließ sie das Bäumchen los und drückte die Erde an.

Sie ging einen Schritt zurück und betrachtete die Sache. Ante biß an seinen Fingernägeln herum. Das Bäumchen stand gerade. Mali schaufelte mit dem Rest der Erde das Loch zu. Dann trat sie die Erde fest. Zum Schluß bohrte sie mit dem Finger einen kleinen Gang und schob den Regenwurm hinein.
Dann holte sie in einer Blechdose Wasser aus der Tonne. Sie begoß die Wurzeln des Bäumchens, zog die Nase hoch und wischte sich die Hände an der Hose ab.
„Der ist aber klein", sagte Susanne wieder.
Mali blickte alle der Reihe nach an.
„Ihr werdet schon sehen", sagte sie.

Wir sind fünf

„Warum der immer rumsteht!" sagte Ante.
„Ist doch klar", sagte Florian. „Der will zu uns, der Ittacker."
Er trat einen Stein in die Richtung des fremden Jungen. Der grinste und schoß den Stein zurück.
„Ne", sagte Florian. „Wir sind vier. Das genügt."
„Und ausgerechnet so'n Plüschauge", sagte Mali.
„Ich finde, er sieht süß aus", sagte Susanne.
„Die ist in ihn verknallt!" sagte Ante. „Das kann ja heiter werden."
Susanne wurde rot.
„Italiener spielen Gitarre und singen dazu", sagte Mali. „Die andere Zeit essen sie Nudeln."
„Und Engländer?" sagte Susanne.
„Die trinken Tee", sagte Florian. „Sie denken sich höfliche Sätze aus und gehen zum Fußball."
Ante lachte. „Und Amerikaner kauen Kaugummi. Sie fahren große Autos und machen sich kalte Drinks."
„Russen spielen Balalaika", sagte Susanne. „Sie besaufen sich mit Wodka und tanzen. So'n Quatsch!" sagte sie.

„Na ja, die tun alle auch noch ein paar andere Dinge", sagte Florian.
„Welche denn?" fragte Mali.
„Wahrscheinlich ähnliche wie wir", sagte Susanne.
„Die Italiener schneiden sich die Fußnägel, sie lesen Gedichte und haben Halsschmerzen", sagte Florian.
Mali lachte.
„Und die Engländer klettern auf Bäume, bohren sich in der Nase und küssen einander", sagte Ante.
„Die Amerikaner streicheln siamesische Katzen, sie machen Federzeichnungen und träumen schlecht", sagte Susanne.
„Und die Russen", sagte Mali, „die Russen erzählen ihren Kindern Märchen, sie fahren Motorrad und häkeln sich Mützen."
Eine Weile sagten sie gar nichts. Dann gingen sie langsam zu dem Jungen rüber. Was machte es schon, daß sie nun fünf waren?

Eltern zum Aussuchen

Die Kiesgrube war wie eine große Höhle, zur Sonne hin offen. Hans lag im struppigen Gras und lauschte dem Gesumm und Gebrumm der Insekten.
Als sein Vater plötzlich vor ihm stand, erschrak er.
„Woher weißt du, daß ich hier bin?“ fragte Hans.
Der Vater lachte.
„Was machst du hier?“ fragte er.
„Nichts“, sagte Hans, „ich mache nichts.“
Sie gingen zusammen nach Hause.
„Was hast du gemacht, als du ein Kind warst?“ fragte Hans.
„Ich habe wohl auch nichts gemacht“, sagte der Vater. „Und deswegen ist es später schwer für mich gewesen. Als ich begriff, was ich versäumt hatte, waren die Tage zu kurz, um alles nachzuholen.“
Er schloß die Wohnungstür auf. Hans sah, daß die Mutter seine Schulhefte in der Hand hielt.
„Ich will, daß du es leichter hast“, sagte der Vater. „Darum darfst du jetzt keine Zeit versäumen.“
Die Mutter strich Hans übers Haar.
„Komm“, sagte sie, „wir wollen die Hausaufgaben machen.“
„Ich hab 'ne Vier im Rechnen“, sagte Hans. „Hast du gesehn, daß ich 'ne Vier im Rechnen hab?“
Die Mutter nickte.
„Ich hatte dir fünf Mark versprochen, wenn du eine Zwei kriegst“, sagte der Vater.
Hans schluckte.
„Ich geb sie dir trotzdem“, sagte der Vater. „Als Beweis dafür, daß ich an dich glaube. Ich glaube, daß du es schaffen wirst.“
Er legte das Fünfmarkstück auf den Tisch. Es war ein neues Fünfmarkstück.
„Wenn dein Zeugnis gut ist, kriegst du ein Rennrad“, sagte die Mutter.
Der Vater blinzelte ihm zu.

„Vielleicht fährst du einen Rekord", sagte er. „Es gibt doch hier den Radrennclub. Du bist ein Junge, der Erfolg haben wird", sagte er.
Hans nickte. Er schlug sein Heft auf und versuchte, nachzudenken.
Aber sein Blick glitt immer wieder zu dem funkelnden Fünfmarkstück hin.
Als ob die Sonne darauf scheint, dachte er.
Und er glaubte, das Gesumm und Gebrumm der Insekten zu hören.

Partnerschaft

Sie saßen beim Nachmittagskaffee. In der Mitte vom Tisch stand die Kaffeemaschine. In ihrem Bauch blubberte es.
„Maria hat Leute von früher getroffen", sagte der Vater.
Maria war Ullas Mutter.
„Leute, die ich nicht mag", sagte der Vater. „Sie hat sie eingeladen. Was meinst du dazu?"
Ulla dachte an den Nachmittag zurück.
„Ja", sagte sie, „ich weiß nicht..."
„Ich denke, daß er ein Vorurteil hat", sagte ihre Mutter. „Die Leute sind nett."
„Ich werde solange ins Kino gehen", der Vater grinste.
„Nein", die Mutter blickte Ulla an. „Das ist keine Lösung. Du sollst versuchen, dir eine neue Meinung über die Leute zu bilden."
„Denkst du auch so?" fragte der Vater Ulla.
Ulla war plötzlich müde. Sie wäre gern in ihr Zimmer gegangen.
„Ja", sagte sie.
„Okay!" Der Vater schien sich zu freuen.
Er wollte, daß sie mitdachte, mitentschied. Er wollte, daß sie Partner waren, alle drei. Bei ihnen wurde alles besprochen.
„Wir sehn uns dann noch die Haushaltskasse an", sagte die Mutter.
„Warst du mit Anke im alten Garten?" fragte sie.
Der alte Garten war ein unbebautes Grundstück. Ulla war im alten Gar-

ten gewesen. Aber sie war nicht mit Anke dagewesen. Sie hatte die Neue mitgenommen. Sie hatte ihr alles gezeigt. Auch das Häuschen, das Anke und ihr gehörte, und das niemand kannte.
„Und warum bist du traurig?“ fragte der Vater.
„Weil es gemein von mir war“, sagte Ulla. „Weil es so ist, als ob ich Anke verraten hätte!“
Sie fingen an, darüber zu sprechen. Sie sprachen darüber, warum Ulla die Neue mitgenommen hatte. Die Eltern wollten nicht, daß Ulla traurig war. Worte brachten Licht in die Dinge. Zu reden war immer richtig. Aber trotzdem wäre Ulla gern in ihr Zimmer gegangen. Sie wollte lieber traurig sein.

Eine große Familie

Wer kam schon darauf, das Brotmesser im Schuhputzkasten zu suchen? Jedenfalls fand Elsa es da. Wahrscheinlich hatte einer der großen Brüder sich damit den Dreck von den Stiefeln gekratzt.
Elsa wusch das Messer. Der Warmwasserboiler war wieder kaputt. Als sie Brot abschnitt, waren gleich die Kleinen da. Elsa schmierte ihnen die letzte Leberwurst drauf.
„Inge?“ rief die Mutter aus dem Wohnzimmer.
„Nein, ich“, sagte Elsa.
Sie waren eine große Familie. Und weil die Kinder außerdem ständig kamen oder gingen und dabei noch Freunde mithatten, war die Familie schwer zu übersehen. Manchmal hatte die Mutter einen ‚leeren Blick‘.
„Dann erkennt sie einen nicht“, hatte Elsas Bruder Jürgen mal gesagt.
„Dreh den Fernseher leiser!“ rief der Vater aus dem Badezimmer.
Der Vater sagte selten was. Er war abends müde.
Elsa wickelte die Butterbrote ein und steckte sie in ihre Jackentasche. Sie würde die Jüngste sein, heut abend im Park. Die anderen gingen in die siebente Klasse. Einer würde eine Gitarre mitbringen. Elsa freute sich.

Im Wohnzimmer saßen die Nachbarin und ihre Mutter vorm Fernseher. Das Baby krabbelte am Boden herum. Elsa öffnete seine kleine Faust und nahm ihm die Zigarettenkippe weg. Was so ein Knd auch alles erwischte! Das Baby schrie.

„Zieh die Vorhänge zu", sagte die Mutter.
Sie gähnte.
Elsa blickte ihre Mutter an und dachte, daß sie sie gern hatte. Die Primel auf der Fensterbank war eingegangen. Wahrscheinlich hatten sie ihr alle Wasser gegeben, einer nach dem anderen.
Elsa lächelte. Sie nahm der kleinen Schwester ihre Jacke weg und ging. Man würde sie nicht vermissen. Sie waren eine große Familie

Das Flugzeug

Rolf hatte die tollsten Eltern der Welt. Er durfte die elektrische Eisenbahn im Wohnzimmer aufbauen, obschon er ein Zimmer für sich hatte. Er durfte den halbfertigen Kran auf dem Telefontisch in der Diele stehen lassen. Er durfte fernsehen, wann immer er Lust hatte. Und er durfte Kinder mitbringen, soviel er wollte.
Natürlich mochte er da nicht auf der Straße spielen wie die anderen!
„Wollt ihr Kakao oder Cola?" fragte die Mutter.
Und der Vater zeigte ihnen, wie man die Teile des Segelflugzeugs am besten aneinanderklebte.
„Wir könnten es im Schwimmbad fliegen lassen", meinte Peter.
„Da geh' ich nicht hin", sagte Rolf. „Im Schwimmbad holt man sich Fußpilz."
„Wer sagt das?" wollten sie wissen.
„Mein Vater", sagte Rolf.
„Na ja", sagte Mike, „am nächsten Wochenende machen wir sowieso die Radtour. Da nehmen wir es mit."
Rolf hatte kein Fahrrad.
„Macht doch nichts!" sagte Mike. „Setzt dich bei mir hinten drauf."

„'s gibt Kuchen!" rief die Mutter von nebenan. „Wascht euch die Hände."
„Die werden ja doch wieder dreckig", sagte Peter. „Weil wir noch am Fluß spielen wollen."
Rolf wusch sich die Hände.
„Im Fluß ist im vorigen Jahr ein Kind ertrunken", sagte der Vater zwischen zwei Bissen.
Da war es klar, daß Rolf nicht mitgehen würde.
„Ich male das Flugzeug an", sagte er, „damit es fertig wird."
Seine Mutter hatte ihm sogar neue Pinsel gekauft.

„Fein, was?“ sagte Rolf. „Am Wochenende wird es fliegen.‘
Sein Vater nickte.
„Ich freue mich auch darauf“, sagte er.
Rolf schaute ihn an.
„Nimm deine Vitamintablette“, sagte die Mutter.
Am Samstag schien die Sonne. Um drei wollten sie starten.
„Zieh dich um“, sagte die Mutter um zwei.
„Überraschung“, sagte der Vater. „Wir machen eine Autotour“, sagte er. „Zwei Tage. Und dein Flugzeug kommt mit.“

Schlag was kaputt!

Dix ging langsam die Treppe hinauf. So fühlte man sich also, wenn man seinen Freund verloren hatte. So mies fühlte man sich.
Dix schloß die Tür auf. Sein Vater spielte Gitarre. Er saß auf dem Tisch und lachte ihm zu. Neben ihm stand ein Teller mit Hefegebäck.
„Hallo, mein Kleiner“, sagte Dix’ Mutter.
Sie hatte die Beine in den Sessel hochgezogen und hielt ein Buch in der Hand.
„Geht es dir gut?“ fragte sie.
Im anderen Sessel lag die Katze. Die Katze öffnete ein Auge und blinzelte kurz.
Dix ließ die Schultasche fallen. Überall lag was rum. Dix wurde nicht zur Ordnung angehalten wie die anderen Kinder in seiner Klasse.
„Die Dinge sind fröhlicher, wenn man sie frei läßt“, pflegte Dix’ Mutter zu sagen.
Dix durfte sogar die Wände bemalen. Er schaute sein Bild von gestern an. Die Kinder mit den Luftballons. Es sah lustig aus. Gestern war es Dix noch gut gegangen.
„Zisch ab!“ hatte Bruno heute gesagt. „Du bist doch doof!“ hatte er gesagt.

Dix wußte, daß er nicht doof war. Das traf ihn nicht. Aber daß Bruno ihn nicht mehr gern hatte.
Der Vater übte einen schwierigen Griff.
Es klingt, als wenn ein Vogel weint, dachte Dix.
Er wußte, daß Vögel nicht weinen.
Die Mutter lächelte beim Lesen. Das lange Haar fiel ihr ins Gesicht. Sie sah schön aus.
Dix ging zu dem Teller mit dem Gebäck. Er drückte mit dem Zeigefinger ein Loch in eine Hefeschnecke. Sein Vater sah es und grinste.
Warum hatte Bruno ihn nicht mehr gern? Konnte man aufhören, jemanden gern zu haben, so, wie man aufhörte, zu essen, zu trinken oder zu lachen?
„Bruno kommt heut nicht“, sagte Dix laut.
„Wieso?“ fragte sein Vater.
„Weil er überhaupt nicht mehr kommt“, sagte Dix. „Weil er mich nicht mehr mag“, sagte er.
„Mein Kleiner“, sagte seine Mutter. Sie hielt einen Finger auf die Stelle, die sie eben las. „Morgen gehen wir ins Kino“, sagte sie. „Ja?“
„Schlag was kaputt!“ sagte sein Vater. „Das hilft.“
Dix blickte an ihnen vorbei. Er wollte nicht ins Kino, und er wollte nichts kaputtschlagen. Er wollte verstehen, warum Bruno so war.

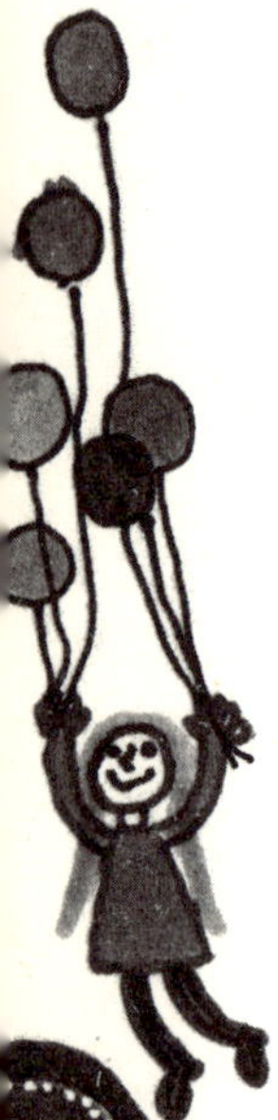

Schaschi und die Welt ringsum

Eßgeschichte

Heute hatte Schaschi den Schlüssel mit. Als sie die Tür aufschloß, kam sie sich sehr erwachsen vor. Sie war allein zu Haus. Sie würde sich Mittagessen machen und Radio hören.
Schaschi öffnete den Kühlschrank. Da lagen kleine, blasse Kartoffeln und Würstchen, die aussahen, als ob sie frören. Die Milch war in einem Pappbecher, den Schaschi nicht aufkriegte, und Salat war überhaupt keiner da.
Schaschi warf die Kühlschranktür wieder zu. Sie knipste das Radio an. Da sprach ein Mann über die zweckmäßige Fütterung von Hühnern.
Schaschi setzte sich auf die Tischkante, baumelte mit den Beinen und schaute zum Fenster hinaus. Es würde Regen geben. Der Himmel war grau.
Schaschi sprang vom Tisch hinunter und ging zum Spiegel.
„Bäh!" sagte sie zu sich selber.
Dann nahm sie einen Apfel aus dem Korb und biß hinein.
Wie schön war es doch, wenn sie alle zusammen am Tisch saßen und aßen! Schaschi glaubte sich zu erinnern, daß dann immer die Sonne durchs Fenster hereinschien. Dann war es, als ob der Schrank lächelte, der Herd, die Stühle und die Tapeten. Im Radio spielte Musik, und sie waren beieinander, der Vater, die Mutter und Schaschi. Und auf dem Tisch standen die guten Sachen: Die kleinen, runden Kartoffeln waren knusprig braun, die Würstchen knackig und heiß, und es gab eine große Schüssel mit grünem Sahnesalat.
Schaschis Glas war auch da, das blaue, in dem die Milch ganz kühl aussah.

Senf

Die Bestecke klapperten ein bißchen, und die Mutter fragte: „Willst du noch?"
Der Vater hielt den Teller hin und sagte: „Ja".
Und sie kauten und schluckten und waren glücklich in dem sonnigen Zimmer mit der Musik und dem feinen Essen.
Schaschi warf den angebissenen Apfel in den Korb zurück.
Dann mußte sie plötzlich lachen. Sie würden ja wieder miteinander essen! Morgen schon!

Einschlafgeschichte

Am Tag sind die Dinge ganz deutlich. Die Gegenstände und die Leute, und die Worte, die die Leute sagen.
Am Tag hat Schaschi mit ihrer Puppe gespielt, sie hat in einem Buch eine Geschichte von einem Krokodil gelesen, sie hat im Supermarkt Essig eingekauft und Brötchen, und in einem Schaufenster hat sie eine elektrische Eisenbahn angeschaut.
Einen Affen auf einem Baum hat Schaschi gemalt, sie hat Pfannkuchen gegessen und Radio gehört. Da hat ein Mann erzählt, daß die Menschen früher in großen Familien gelebt haben. Urgroßeltern, Großeltern, Mütter, Väter, Tanten, Onkel, Neffen, Nichten, Kinder und Enkel.
Dann hat Schaschi noch ferngesehen. Da wurde Musik gemacht und getanzt, und der Junge mit der Gitarre hat Schaschi gefallen.
Nun ist es spät. Schaschi ist ins Bett gegangen. Bald wird sie einschlafen. Da fangen die Dinge des Tages an, sich zu verändern. So, als wären sie mit einem ganz weichen Pinsel und zarten Farben ein bißchen durcheinandergemalt.
Fährt nicht die elektrische Eisenbahn durchs Zimmer? Sie ist mit Brötchen beladen. Ein Äffchen jongliert mit Pfannkuchen, und eine Puppe sagt: „Familie, Famolie, Famelie, Famulie."
Dabei zeigt sie auf den großen Baum, der mitten im Zimmer wächst.

An seinen Zweigen hängen Großmütter, Urgroßväter, Mütter, Väter, Tanten, Neffen und Essigflaschen.
Das alles sieht Schaschi, obschon ihre Augen fest geschlossen sind.
Und dazu hört sie die Musik, die das Krokodil macht.
Schaschi lächelt. Ist das nicht der Junge mit der Gitarre, der da kommt?
Sein Hemd ist mit silbernen Blumen bestickt.
Die Eisenbahn fährt jetzt nicht mehr. Krokodil, Äffchen und Puppe sind fort, und nicht eine einzige Großmutter ist mehr zu sehen.
Der Junge mit der Gitarre aber setzt sich auf Schaschis Bettrand.
Und – plumps! – ist Schaschi eingeschlafen!

Kastaniengeschichte

Der Schnee war noch wie neu. Nur ein bißchen zertrampelt war er.
Schaschi fand eine unberührte Stelle. Da drückte sie ihre Hände hinein.
Zuerst die linke, und dann die rechte Hand.
Sie schaute zum Himmel hinauf. Vielleicht würde es noch mehr schneien.
Als Schaschi am Kino vorbeikam, sah sie sich die Fotos an. Es waren bunte Bilder aus einem Zeichentrickfilm. Schaschi hätte gerne über die Ente mit den gestreiften Hosen gelacht. Aber ganz allein mochte sie nicht lachen.
An der Ecke stand die Kastanienfrau. Schaschi kramte in ihren Taschen.
Aber das half nichts, denn sie wußte ganz genau, daß sie kein Geld hatte.
Der Junge in der Teddyjacke hatte sich Kastanien gekauft. Schaschi schaute ihn an. Er hatte schwarze Locken und sah sehr schön aus.
Jetzt ging er an Schaschi vorbei. Und genau da platzte seine Kastanientüte, und die Maroni kullerten in den Schnee.
Natürlich half Schaschi dem Jungen. Sie krochen auf den Knien herum und hoben die Kastanien auf. Sie waren immer noch heiß. Da, wo die

Kastanienfrau sie eingeschnitten hatte, konnte man anfangen, sie zu schälen.
„Nimm die“, sagte der Junge.
Dann kauten sie beide. Sie gingen nebeneinander her und kauten. Der Junge hatte die Taschen der Teddyjacke voller Kastanien. Die Schalen stopfte Schaschi in ihre Manteltasche.
Als sie ans Kino kamen, schauten sie sich die Fotos an und lachten. Sie blieben lange. Bis es dämmerig wurde, blieben sie.
„Willst' noch?“ sagte der Junge.
Schaschi schüttelte den Kopf.
„Gehst du heim?“ fragte er.
„Ja“, sagte Schaschi.
Der Junge nickte. Er mußte nach rechts. Einmal blickte er sich noch um. Dann war Schaschi wieder allein. Der Junge war nett gewesen. Nun war er fort.
Vielleicht hätte Schaschi gedacht, daß sie ihn nur geträumt hatte. Aber ihre Manteltasche war voller Kastanienschalen.

HEUTE

Parkgeschichte

Hier und da lag noch ein bißchen Schnee im Park. Aber die Knospen an den Sträuchern waren auch schon da. Und in den Knospen waren die Blüten und die Blätter für den Frühling.
Schaschi lief so rum und schaute sich die Leute an. Die Jungen, die Ball spielten, die Mütter mit den Kinderwagen und die Hunde.
Am Ententeich stand eine alte Frau mit einer komischen grünen Strickmütze. Sie hatte eine große Tüte mit Brot in der Hand und fütterte. Die Schwäne kamen auch.
Ein Mädchen mit einem Baby blieb stehen.
„Na?“ sagte die alte Frau zu dem Baby und lächelte dem Mädchen zu.
Aber das Mädchen antwortete nicht, und das Baby natürlich auch nicht. Und dann waren sie auch schon wieder fort.
Jetzt kam ein Mann mit einem Dackel daher.
„So ein schönes Hündchen“, sagte die alte Frau zu dem Mann.
Der Mann grinste ganz schnell, dann ging er weiter. Und den Dackel zog er mit.
Keiner wollte sich mit der alten Frau unterhalten. Jetzt blickte sie Schaschi an und lächelte. Dann griff sie wieder in die Brottüte und warf den Enten Krumen zu. Schaschi hätte auch gern gefüttert. Aber sie hatte nichts.
„Da!“ sagte die alte Frau und hielt Schaschi eine Handvoll Brotstückchen hin.

„Danke“, sagte Schaschi.
„Ich hab auch einmal ein Kind gehabt“, sagte die alte Frau. „Es war winzigklein. Jetzt ist es groß.“
„Wo ist das Kind?“ fragte Schaschi.
„Fort“, sagte die alte Frau. „Siehst du die Ente mit dem schwarzen Häubchen? Die kennt mich schon.“
„Ja“, sagte Schaschi.
„Ich hab auch mal einen Hund gehabt“, sagte die alte Frau. „Der hieß Emil Tintenfisch.“
Schaschi lachte. Es machte Spaß, mit der alten Frau zu reden. Schaschi hatte nämlich keine Oma, und jetzt war es auf einmal so, als ob sie doch eine Oma hätte.
Sie sprachen über Menschen und Hunde und Enten und Schwäne, und über sich selber auch ein bißchen. Und dabei verfütterten sie die Brotkrumen, bis die große Tüte leer war.

Katzengeschichte

Die Sonne war noch ein bißchen blaß. Aber sicher würde es bald Frühling werden.
Schaschis Straße war eine ruhige Straße. Schaschi stand da und überlegte. Sie hatte Kreide in der Tasche. Sie würde malen. So grau war der Bürgersteig gar nicht hübsch.
Schaschi zog die Handschuhe aus und fing an. Sie malte eine Katze, blau mit weißen Streifen. Eine rote Nase kriegte die Katze, gelbe Augen und einen grünen Schwanz.
Schaschi stand auf und trat einen Schritt zurück. Es war eine wunderbare Katze! Nur die Krallen fehlten ihr noch.
Da war auf einmal ein Mann da. Zuerst dachte Schaschi, daß er schimpfen wollte. Aber er schimpfte nicht. Er lachte so ein bißchen. Er war ein älterer Mann in einem häßlichen Mantel.

„Ich hab zwei Katzen…“, sagte er, „…gehabt“, sagte er. „Sie sind schon lange tot.“
Schaschi sagte nichts.
„Fotos hab ich noch“, sagte der Mann, „eine ganze Mappe voll Fotos.“
Schaschi guckte ihn an. Er hatte nette Augen. So freundlich.
„Wenn du mitkommen magst, zeig ich sie dir“, sagte der Mann.
„Nein!“ sagte Schaschi. „Ich geh' mit niemanden. Nie!“
„Sie heißen Marinka und Wischiwusch“, sagte der Mann. „Marinka war bunt, und Wischiwusch grau. Grüne Augen hat er gehabt. Man kann es sehen“, sagte er. „Es sind Farbfotos.“
Die Katzen hätten Schaschi schon interessiert. Marinka und Wischiwusch.
„Ich muß heim“, sagte sie.
„Ja, ja“, sagte der Mann.
Er lächelte und ging langsam fort.
Schaschi schaute ihm nach. Sicher war er wirklich nur ein netter, alter Mann. Vielleicht würde sie ihn wiedersehen. Sie würde ihrem Vater und ihrer Mutter von ihm erzählen, und dann würden sie ihn alle zusammen besuchen.
„Marinka und Wischiwusch!“ sagte Schaschi.
Sie malte ihrer Katze noch schnell die Krallen hin.
Dann ging sie heim.

Sandmännchens Geschichtenbuch 60 heitere und verträumte Gutenachtgeschichten zum Vorlesen hat Gina Ruck-Pauquét in diesem Buch geschrieben. Sie erzählt darin vom kleinen Briefträger und dem kleinen Zoowärter, vom Schornsteinfeger und vom Stationsvorsteher, vom kleinen Zauberer und auch vom Nachtwächter. Alle sechs könnt ihr hier auf dieser Seite sehen. Pepperl Ott hat sie gemalt.

„Ravensburger Taschenbücher" von Gina Ruck-Pauquét:
In *Gespenster essen kein Sauerkraut* erzählt sie zwei freche Geschichten aus Blumenhausen (Band 38)
Viel Wirbel um Herrn Bubbelkühms aufregende Erfindung gibt es in *14 höllenschwarze Kisten* (Band 62)
In *Sandmännchen erzählt von seinen kleinen Freunden* (Band 71) und in *Sandmännchen erzählt von neuen kleinen Freunden* (Band 111) begegnet ihr dem Schornsteinfeger und seinen Freunden.

In *Mit Spargel schießt man keine Hasen* taucht die Frage auf: Wer rettet Hasenhorsts zahme Hasen? (Band 106)
Schornsteinfeger Sebastian macht eine ungewöhnliche Erbschaft in *Die bezauberndsten Kinder der Welt* (Band 136)
In *Die kleinen Gauner von Bampione* haben Serafino, Kiko und Bambolina die tollsten Einfälle (Band 261)
Bim aus der Schlauchgasse ist verzweifelt: die Klubkasse ist leer – und einer der Freunde ist der Dieb! (Band 303)
Joschko kann nie genug von den Geschichten hören, die die alte Babuschka vor dem Haus erzählt (Band 380)
Oliver hat einen Löwen. Er erlebt eine Woche lang merkwürdige und spannende Dinge. (Mein erstes Taschenbuch – Band 26)
Das Schnurzelbum. Keine Langeweile mehr bei der Familie Heilmann. (Mein erstes Taschenbuch – Band 49. Sept. 1977)

Gesamtausstattung: Edith Witt-Hidé
Printed in Italy
5 4 3 78 77
ISBN 3-473-37318-4